AF427042

SETTE PORTE

LUCIA GUIDORIZZI

RHODISMOS

Direzione editoriale a cura di Grazia Velvet Capone
Editing Irene Salidu
Progetto e Grafica: Grazia Velvet Capone

ISBN: 979-1281625-23-5

RHODISMOS

"Ricorderai rose rosse su spiagge
d'oro, appassire o brillare
lasciate a profumare la fine del mondo
tra secco vento e pomici smussate
e un pezzo di barca che ha passato la parola
all'ultimo lembo di correnti (...)"

"G. raccolse tra le mani schiuse a coppa
quel legno di scirocco forse sacro
tagliato e costruito da due mani
lo recò con sé di là dai mari
finché non giunse il giorno di portarlo
lontano, a un carpentiere di parole (...)"

Gianluca Asmundo

UN CAMMINO VERSO L'ORIZZONTE

"...una corrente di energia invisibile, indistruttibile, sacra, continua ad attraversare il Mar Egeo da tempi antichissimi, pervadendo di mistero ognuna delle sue isole"

Il nuovo libro di **Lucia Guidorizzi** è tanto affascinante quanto di difficile definizione: si potrebbe definire per certi aspetti un libro di viaggio, nel quale l'autrice ci porta per mano verso la Grecia, per farci conoscere, tappa dopo tappa, la bellezza di isole come Rodi, Symi, Kastellorizo, ma si espande anche altrove, evocando Tangeri, Toledo, i roseti nascosti di Padova e l'onnipresente Venezia. In questo viaggio ci accompagnano innumerevoli presenze tra cui Eliot, Baudelaire, gli Argonauti, Proteo, Ulisse, i cavalieri di Rodi, l'arcangelo Michele, Giorgione.

Tuttavia è più corretto dire che la sensazione è quella di leggere un libro di salmi, ogni pagina apre piccoli varchi verso una dimensione metaforica, spirituale, curativa. Sotto la protezione di grandi ali angeliche veniamo iniziati ai misteri della rosa, ai calendari liturgici, alla simbologia del viaggio e del mare.

"Eredi dello spirito sono quanti hanno seguito il Vangelo di Maria Maddalena, ma è nella carne che sta celato il mistero.
Tu ti appressi, ma questa città non giunge mai"

Dalle pagine di *"Rhodismos"* ci assalgono anatemi e ci circondano amorevolmente consigli, come:

> *"Solo esercitando l'autentica devozione del distacco, possiamo sperare di amare svincolati dai condizionamenti contingenti e dallo scorrere ineluttabile del tempo.*
> *Il fuoco dello Spirito Santo brucia al pari della camicia di Nesso, perché l'amore, essendo un'immensa schiavitù e al tempo stesso una perfetta liberazione, ci insegna a tollerare il dolore e la distanza che ci viene inflitta dalla vita stessa.*
> *Solo così possiamo accettare la durata limitata della nostra fioritura."*

Parole delicate che purtuttavia affondano come daghe nella nostra coscienza. L'irriducibile passione della rivelazione viene domata da Lucia Guidorizzi con parole chiare, eleganti, esatte.

> *"Ogni isola si forma attraverso gli influssi di coloro che vi sono approdati, la sua storia è il prodotto di innumerevoli stratificazioni. Tra isola e isola c'è l'abisso del mare, e in questo abisso innumerevoli sono coloro che si perdono.*
> *Mostri molteplici abitano le acque dell'indistinto".*

Altissima letteratura, questo nuovo scritto di Lucia, profondissimo e a tratti quasi inaccessibile, fino a provare il disvelamento, l'epifania della comprensione, pagine che sono gradini a discendere negli anfratti della nostra cultura millenaria, ma anche della nostra psiche. Un volume che mi ha fatto pensare alla definizione di "letteratura di godimento", come la intendeva Roland Barthes, un percorso ostico che sfida la nostra profondità e il nostro coraggio, per poi sfociare nell'estasi della comprensione soddisfatta, in tutto e per tutto un'esperienza da vivere, più che un libro da leggere.

> *"Il viaggiatore è sempre e comunque portatore di contagio.*
> *I saperi che possiede divengono maledizioni."*

Un prodotto letterario ibrido, come ci ha abituati Lucia, che tuttavia si avvicina a un breviario cerimoniale, un testo in cui ogni frase è un passaggio a una nuova dimensione, poiché non solo si stagliano nitide di fronte alle nostre pupille le città e le isole menzionate dall'autrice, ma si prefigurano come valichi per accedere ad un mondo psichico, una lettura che predispone a una disposizione mentale che permette di accedere alle più rarefatte riflessioni:

> *"La Storia è un racconto imperfetto, lacunoso, pieno di cancellazioni. Quando lo Spirito Santo discese in lingue di fuoco tremò tutta la casa e le porte uscirono dai cardini.*
> *Quando Cristo discese agl'Inferi trionfò su serrature e catenacci spezzati, liberando Adamo ed Eva.*
> *In quel momento fu data la Parola a Maria Maddalena e all'altra Maria che versò nardo e mirra per mondare i piedi impolverati del Messia e a*

*quell'altra ancora, la Veronica che gli deterse il volto
dal sangue e dal sudore mentre saliva il Calvario e ne
conservò l'impronta sulla tela.*

*Furono queste donne, le prime, a insegnare la gra-
tuità e il dispendio, frutti generosi di un amore senza
riserve.*

*Furono le donne per prime, a recarsi al sepolcro e a
piangere ai piedi della Croce.*

*Perciò, più di ogni altro apostolo, Cristo predilesse le
Donne."*

Questo libro è importante nella sua traiettoria letteraria, una
sorta di ritorno alle origini, ma con una profondità e comprensione del sé e del mondo che trascende ogni definizione
possibile, un cammino verso l'orizzonte, che non abbandona
però le origini del proprio poetare, in un perpetuo allontanarsi
per tornare al proprio centro. E di "percorso", pellegrinaggio,
svolta, metamorfosi, sempre si parla quando si parla di
viaggio. Una splendida prova letteraria, questa di Lucia
Guidorizzi, che non smette mai di stupirci, dove desiderio,
artificio, liberazione, condanna e redenzione si coagulano
sotto lo sguardo dell'angelo che ci indica il cammino, con una
rosa tra le dita.

Silvia Favaretto, poetessa, scrittrice, illustratrice

CINQUANTA GIORNI

U n quadro di **Lorenzo Lotto** adombra il mio viaggio: *"Ritratto di gentiluomo"*. (1527)

Nella stanza, una rosa bellissima si era sfogliata nel vaso e i suoi petali caduti mi hanno riportato alla mente quest'opera misteriosa in cui compare, avvolto da un'atmosfera scura, l'immagine di un giovane pallido e meditabondo che fissa il vuoto davanti a sé. Alle sue spalle si vedono un liuto, un corno da caccia, un uccello morto.

In primo piano appaiono un grosso libro che il personaggio sta sfogliando distrattamente, una lettera semiaperta, due ancora chiuse, un bacile, una lucertola e un drappo azzurro con le frange, sul quale sono sparsi dei petali di rosa.

L'immagine costituisce un enigma malinconico.

Cosa sta leggendo il giovane? Conti, quietanze o poemi?

Apparteniamo al mondo del sogno o a quello della necessità?

Le illusioni della giovinezza sono alle spalle, il presente incombe con le sue richieste, il futuro ancora non esiste.

C'è tutta la vertigine di un momento sospeso tra ciò che non è più e ciò che ancora non è manifesto.

Questo libro racconta un viaggio compiuto tra aprile e maggio 2023 in tre isole dell'arcipelago del Dodecaneso, Rodi, Symi e Kastellorizo, proprio nel periodo dell'anno liturgico (cinquanta giorni) che intercorre tra Pasqua e Pentecoste. Ciò è avvenuto prima che le fiamme divampassero a Rodi, compiendo la loro opera di devastazione.

Infatti, nel mese di luglio del 2023, furiosi incendi nella zona nord-est dell'isola hanno bruciato boschi e distrutto alberghi ed abitazioni.

Le tragedie si compiono sempre a causa di uno squilibrio tra gli intenti e gli interessi umani e la natura dei luoghi.

Nelle pagine si snoda una riflessione sulla storia e sul suo divenire inquieto, seguendo la scia delle contraddizioni che inevitabilmente essa porta con sé.

Vi compaiono gli Argonauti, che divengono metafora di questa ricerca incessante, del loro desiderio di cercare approdi su sponde sempre nuove e del loro dissolversi lungo le tappe della loro navigazione.

L'isola di Rodi, con la sua Città Vecchia, riverbera una storia antichissima, come testimoniano le sue chiese e moschee, i templi antichi e i palazzi medievali: ancora aleggia su di lei la memoria del suo Colosso, una delle sette meraviglie del mondo antico.

Nel Museo Archeologico di Rodi si possono ammirare statue dalla bellezza ineffabile, tra cui due splendide Afroditi, l'Afrodite accovacciata e l'Afrodite pudica, quest'ultima restituita dalle acque del mare, riaffiorata da un passato dimenticato. Rodi è circondata da una cinta possente di mura, costruite dai Cavalieri di San Giovanni che vissero qui per più di duecento anni, dopo essere stati in Terrasanta e a Cipro. Ai nostri giorni Rodi è bersaglio di un turismo bulimico, pervasivo, distruttivo, che offre uno spettacolo devastante. Tuttavia è ancora un'isola bellissima, anche se bruttata in più punti da costruzioni orribili, aggressive, che ne violano l'armonia e l'integrità. La sua bellezza è insidiata dalla logica di sfruttamento che governa il nostro tempo e che, anche quando si proclama animata da buone intenzioni, sempre determina una deriva devastante.

Nella storia di Rodi si sono avvicendati governi, imperi,

poteri e chi prevaleva cercava sempre di annullare la memoria di chi lo aveva preceduto.

Eppure, se ci spostiamo su un piano più sottile, una corrente di energia invisibile, indistruttibile, sacra, continua ad attraversare il Mar Egeo da tempi antichissimi, pervadendo di mistero ognuna delle sue isole.

Rodi è un'isola sospesa tra più mondi.

Anche Symi e Kastellorizo partecipano di questa dimensione sacra, ma inevitabilmente in ognuno di questi luoghi altamente simbolici e permeati da una storia antichissima, c'è anche profanazione e sacrilegio.

Questo scritto si sviluppa in forma d'incantazione per riappropriarsi della bellezza e dell'intensità della dimensione simbolica. Si potrebbe definire un sortilegio, una formula contro la marea montante del nulla, contro i fantasmi e i demoni della storia. Il suo intento è avvicinarsi a tutto quel bagaglio di miti, riti, conoscenze, tradizioni, in gran parte perdute o in procinto di scomparire.

Vuole essere un tentativo di far dialogare passato e presente, visibile e invisibile, terra e acqua.

Perché *"Rhodismos"*?

La scelta di questo titolo è motivata dalla volontà di ricordare antichi culti presenti a Roma, derivati dall'Asia Minore, per lo più legati alla primavera, ma anche alla morte, nel corso dei quali in si faceva cadere sugli officianti una pioggia di rose. Talvolta le rose venivano bruciate sugli altari, in ricordo di riti dionisiaci.

Queste feste erano celebrate durante il mese di maggio, per onorare i morti e durante queste celebrazioni i confini tra visibile e invisibile si facevano più labili.

In seguito, questa cerimonia confluì nel Cristianesimo e i suoi influssi perdurarono nella liturgia.

Nel corso della processione del Venerdì Santo che accompagna Cristo al Sepolcro e durante quella pasquale, vengono sparse acque profumate e rose sui fedeli.

Nella Basilica di santa Giustina a Padova, il 28 maggio 2023, giorno di Pentecoste secondo il calendario gregoriano, durante la solenne messa delle 11, concelebrata da vari officianti, come ogni anno, dall'alto della cupola, è caduta sui fedeli la tradizionale pioggia di rose che ricorda le lingue di fuoco scese su Maria e gli Apostoli proprio in quel giorno.

Da quel momento essi compresero e parlarono tutte le lingue, diffondendo il Logos in tutto il mondo. La possibilità di attraversare ogni linguaggio per comunicare l'indicibile è frutto di quest'esperienza.

Questa celebrazione è chiamata in greco *"**Rhodismos**"*.

RHODISMOS

"Ci si incontra in nessun luogo senza prima né poi"
T.S.Eliot da "Little Gidding"

Avere nella mente la propria casa e tuttavia continuare a spingersi oltre.

Desiderare toccare terra dopo i mostri tenebrosi del mare e le tempeste.

I nuovi Argonauti navigano chiusi in una stanza, sono isole che desiderano fare esperienza senza pagarne lo scotto, vogliono fruire di ogni cosa, senza sperimentare e perire.

Semper inquietum est cor nostrum.

Da questa inquietudine si viene sempre oltrepassati.

Sfidare abissi è un modo per educarsi, per condursi fuori da sé stessi.

Cinquanta e più sono gli eroi che scelgono di avventurarsi sulle acque con la nave chiamata Argo che prese il nome dal carpentiere che la costruì (Argo era anche il nome del cane di Ulisse). Era una nave progettata dalla dea Atena e conteneva sulla prua un frammento di legno magico, proveniente dalla foresta sacra di Dodona che poteva parlare e pronunciare profezie. Alla fine del viaggio la nave divenne una costellazione.

Questo viaggio li condurrà ben più lontano di quanto avessero mai potuto immaginare.

A molti degli Argonauti fu negato il ritorno.

Si trattava di una prova iniziatica?

Di un viaggio alla ricerca di nuovi sbocchi commerciali?

Di un modo per fuggire dalla realtà?

Eppure Medea, la potente maga generata dal re Eeta, figlio del Sole e re della Colchide, e da Ecate, la dea della Notte e della Luna Piena, riuscì lì dove cinquanta uomini fallirono.
Sempre davanti a me è il mio peccato e per quanto io cerchi di attraversare impunemente la superficie delle acque, so che sconfiggere le insidie del mare è impossibile.
Solo Orfeo col suo limpido canto vinse quello delle Sirene.
Solo per questo non tutti gli Argonauti perirono nelle acque colme d'agguati.

Giunsero da lontano
Avevano corone di rose
Tra i capelli
Per celebrare gli amici perduti
Nel corso del viaggio

Ricordavano la loro patria
Lontana come solo
Una madre assente
Può esserlo

Scampati a mille tempeste
E al vorticoso gorgo del mare
Furono celebrati come eroi

Ma erano solo spiriti erranti
Sulla superficie delle acque
Alla ricerca di un talismano antico

Non c'era in loro

Alcuna tensione eroica
Solo uno stanco senso
Di resa alla fatalità
Ineluttabile del vivere

Molti di loro si perdettero
Lungo la rotta incerta
E i luoghi che incontrarono
Talvolta li delusero

Solo Medea viaggiava
Spinta dalla vampa di Eros
Ma la sua candida veste
Fu presto macchiata di sangue

Con filtri e incantesimi
Si prese cura del dolore altrui
Ma rimase imprigionata
Nella rete del suo stesso desiderio

Quasi sempre la storia
Si compie attraverso sacrifici
Di lacrime e di sangue

Talvolta accade che giunga
In territori estremi
Colui che per lungo tempo
Ha ignorato ogni rotta

Zeus, signore della Terra, spartì il suo regno con tutti gli dei dell'Olimpo, ma si dimenticò dell'assente Helios, il Sole, in viaggio col suo cocchio infuocato. Quando ritornò, si lamentò di questa sua trascuratezza, perciò Zeus gli assegnò la prima terra che affiorava dal mare. Fu così che gli donò Rodi.

APPRODO

"Ci sono altri luoghi che sono/ anch'essi la fine del mondo/ alcuni alle fauci del mare/ o sopra un lago nero, in un deserto/o in una città"

T.S. Eliot da "Little Gidding"

Quali rive per giungere all'isola dal cielo o dal mare, come giungono i vivi, i morti, gli stranieri, in pace e in guerra, a questo sacro centro in cui s'incrociano i mondi, a questo intreccio di civiltà che crea il tessuto della storia?

Eredi dello spirito sono quanti hanno seguito il Vangelo di Maria Maddalena, ma è nella carne che sta celato il mistero.

Tu ti appressi, ma questa città non giunge mai.

Nulla si compie e tutto si reitera nel fluire ininterrotto del Tempo.

Madre e fanciulla sono unite in un medesimo corpo, costituendo così la sacra diade della spiga bionda che ondeggia sotto il sole e del chicco, che sprofonda nell'oscurità della terra.

Morire, rinascere, trapassare da una forma a un'altra.

Ad Afrodite Pudica riemersa dalle acque mancano le braccia, ma il suo volto cancellato dalle onde del mare ancora risplende di una grazia ineffabile.

L'altra Afrodite, accovacciata, si annoda i capelli, ritraendosi in sé stessa, nel tentativo di proteggersi da qualcosa che le è avverso. Bellerofonte guerreggia con la Chimera, al pari di San Giorgio con il Drago.

Tra le pietre dell'Ospedale dei Cavalieri, le lapidi dei Gran

Maestri ricordano l'effimera virtù del comando, la successione dei poteri e l'eredità difficile che sempre ne consegue.
Nei giardini interiori vi sono cippi funebri e nelle acque delle fontane si macerano fiori profumati che sprigionano essenze.
Colpisce la porosità della pietra, la sua permeabilità atta ad assorbire e mantenere il segreto.
Passeggiando tra gli archi rallentati, ci si dirige verso la casa ottomana, tra mille sollecitazioni e suggestioni. Sfiancano lo sguardo, che viaggia sempre a ritroso.
Impossibile accogliere la pantomima della storia, il suo andare avanti andando indietro, il suo involversi fatto di cadute e sconfitte, il suo espandersi e contrarsi che non risolve mai nulla.

Casa ottomana
Ricordo di un sogno orientale
Su cuscini e tappeti
Abbandonarsi ai sogni
Di città sapienti
Corrotte e antiche

L'equilibrio è una danza lieve
Tra dovizia di profumi
E canzoni inebriate
Dall'aroma del tempo

Innocenti si arresero
Ma non furono graziati
La pietà è solo per vecchi
Donne e bambini

I guerrieri uccidono
Con rigore inflessibile
Questo è per loro
Il valore e la virtù

Erbe e petali crescono nello stupore occulto della pietra.

Regnano tra le rovine, elastici e possenti, i gatti, i signori del Luogo. Si adagiano su sofà morbidissimi e cuscini di seta che gli abitanti hanno approntato per loro, accanto ai mulini sul porto.

La madre greca che porta nome di regina e di cane divora il figlio e lo fagocita.

Tra statue, vasi, ghirlande, invochiamo i doni d'Esculapio.

Se la rosa è emblema di Afrodite, il serpente è simbolo del veleno e della cura.

Profumo di mirto, aneto e di silenzio.

Le coste azzurrate e montuose della Turchia alludono all'Altrove, trasfigurando ogni indizio in forma precaria e immortale.

Ascolto il tossire di vecchie donne nella città antica tra le mura crollate di vetuste dimore musulmane.

Cosa accade, quando a una lingua se ne sovrappone un'altra e poi un'altra ancora?

Frammenti di coccio al suolo e lacerti di nuvole in un cielo umido d'aprile.

Com'è che i corpi vengono traghettati nell'ombra di terre inesplorate e nascoste?

Se la rosa rimane sullo stelo, non c'è sacrificio sull'ara, nessuno è in grado di cogliere il tributo della sua tenerezza inviolata e immortale.

Poema della caducità e della sua grazia.

Monta una marea di passi ebbri d'incertezza e d'inciampi.

In questi arcipelaghi si effonde la perfetta chiarità di giorni distaccati dalla terra.

Arduo è tentare di fissare il Presente e definirlo, le forme improprie che si condensano proiettano memorie subdole ed erratiche.

La Storia è un racconto imperfetto, lacunoso, pieno di cancellazioni.

Quando Cristo discese agl'Inferi trionfò su serrature e catenacci spezzati, liberando Adamo ed Eva.

Quando lo Spirito Santo discese in lingue di fuoco tremò tutta la casa e le porte uscirono dai cardini.

In quel momento fu data la Parola a Maria Maddalena e all'altra Maria, sorella di Marta, che versò nardo e mirra per mondare i piedi impolverati del Messia, e a Veronica, colei che gli deterse il volto dal sangue e dal sudore mentre saliva il Calvario e ne conservò l'impronta sulla tela.

Furono queste donne, le prime a insegnare la gratuità e il dispendio, frutti generosi di un amore senza riserve.

Furono le donne, a rimanere con lui, a piangere ai piedi della Croce e a recarsi per prime presso il Sepolcro.

Perciò, più di ogni altro apostolo, Cristo predilesse le Donne.

Nostra Signora del Castello.

Nostra Signora della Città.

Rosa torrida e crisalide di Psiche. Mille petali si effondono in cammini luminosi e profetici, mille farfalle si aprono a un volo interiore.

Per cammini reiterati e nascosti sperimentiamo il dolore della perdita.

L'ostia sacrificale, prodotto dell'ustione, terzo occhio che illumina le fronti dei veggenti.

Il dono delle Lingue e della Parola che scioglie ogni nodo e spiega, toglie al racconto le sue anse oscure.

La Storia è un racconto infedele, un recinto dove si prendono a sassate gli sconfitti.

La Storia si cancella e si riscrive incessantemente.

Una metafora accompagna ogni liturgia.

L'infuocato palesarsi dell'immagine torna a farsi silenzio, occultandosi dopo l'epifania.

Discontinua *parousia,* è questa promiscuità tra Passato e Presente, tra il Qui e l'Altrove.

Non è più possibile arare la complessità di questo suolo dove dimora la sacra diade di donna e fanciulla, Demetra e Persefone, madre e figlia, che offrono la spiga a coloro che discendono.

Non è più possibile espandersi in questi territori d'ombra devastati da battaglie pregresse.

Conosciamo il fine, il *telos* e nel centrare il bersaglio pensiamo di trovare il compimento agognato.

Ma tu, Principessa dell'Ombra, forma indistinta che officia antiche liturgie, raccogli le vesti e scendi nel buio, reggendo tra le dita sottili il lume e il lacrimatoio.

LE LARVE DI PSICHE

> *"tra il disgelo e il gelo/ la linfa vitale dell'anima trema"*
>
> T.S.Eliot da "Little Gidding"

Oh tessitori instancabili di pensieri e di opinioni
il mondo è un grande arazzo
e i fili delle vostre convinzioni
s'intrecciano con i sogni e le visioni
di chi è già passato da queste parti
trama e ordito s'intrecciano
e il disegno che appare
è orizzontale e verticale al tempo stesso
nulla è vostro
tutto è di nessuno
nessuno è di tutti
non abbiate mai alcuna certezza
nell'imperfezione del disegno
sta nascosta una segreta armonia

Le rovine di Nostra Signora del Castello si trovano nei pressi dell'antica Sinagoga.
Più in là svettano i minareti delle moschee.
La torre dell'Orologio si erge nel punto più alto della Città Vecchia.
Ortodossi, ebrei, musulmani vivevano in contiguità, riti e canti si mescolavano nell'aria.
Quando è avvenuto lo strappo, la lacerazione estraniante che

ha allontanato gli uni dagli altri? Quando Alea ha gettato i dadi, decidendo le sorti e i destini?

Un cervo e una cerva si fronteggiano su due colonne sul porto, si cercano senza mai incontrarsi.

Elafos ed Elafina.

Li divide il mare.

Mulini a vento sono i desideri dell'uomo, macinano farina di sogni da cui ricavano un pane duro che spacca i denti.

Abbeverarsi alle sorgenti dell'Essere, poter rinnovare la propria fede, abbandonare le vecchie credenze, essere come la serpe che sguscia via dalla sua pelle.

Sfiancati da visioni e profezie, vogliamo abbandonarci a un sonno senza memoria.

Una finestra accesa nella notte domina sulla città vuota, devastata dall'empietà dei nuovi barbari, brillano le stelle sopra i negozi chiusi in attesa di offrire alle orde una mercanzia facile ed effimera.

Occhi fosforescenti di gatto balenano nell'oscurità del desiderio e dell'attesa.

Saper attendere è un'arte che richiede un esercizio continuo.

Domani sarà la festa di San Giorgio, il santo che bonifica la terra dagli effluvi velenosi del Drago. Giovane cavaliere corrusco, al pari del dio babilonese Marduk, debella il Drago acquattato nelle caotiche oscurità psichiche, come Apollo che uccide la pitonessa Delphine nei pressi di una dolce sorgente e subentra a lei.

Ogni regno si afferma sulla distruzione di un altro, giudicato ingiusto, eppure tracce e reminiscenze del passato continuano a circolare sotto altre spoglie anche nel nuovo e, rivendicando la loro potenza occultata e rimossa, rivelano con esso prossisimità e consonanze. Queste contaminazioni compaiono sugli stemmi e le bandiere, si fanno emblemi del vivere e oggetti di culto e devozione.

La storia si scrive, si riscrive, si cancella e si adultera. La storia si scrive in matita.

Ma quale sarà il dono profetico che ci deriva dall'aver sconfitto le potenze ctonie dei nostri baratri terrestri?

SOTTO L'ALA DELL'ARCANGELO

"il fuoco purificatore, in cui ti devi muovere in cadenza, come un danzatore"

T.S.Eliot da "Little Gidding"

Il traghetto si chiama King Saron.

Recita il Cantico dei Cantici: *"Io sono la rosa di Saron, il giglio delle valli"*.

Saron è una valle molto fertile nei pressi del monte Carmelo e i suoi fiori sono rinomati per profumo e splendore.

La rosa di Saron è unica e preziosa, celebrata per la sua delicata bellezza, adombra la figura dell'Amato.

A Symi le case, coloratissime, hanno un timpano che ricorda quello delle tombe licie e dei templi greci. Disseminate sulle alture e sul mare, somigliano a costruzioni di legno, giocattoli di bimbi, ricordano certi quadri di Savinio.

Arcangelo è potenza e potestà.

Arcangelo è visione.

Navigando tra le isole greche e le coste turche, sento sbattere la sua ala robusta nel Sole e nel Vento.

Psicopompo dell'Oltre, tu regni su queste acque mnestiche e su quest'isola rocciosa e solitaria.

Sei trasalimento, passaggio di campo energetico, portale che si apre sull'Aldilà.

Signore della Milizia Celeste, sarai tu a far squillare la tromba dell'Apocalisse.

Alla fine dei tempi, ricapitolando l'Universo, ogni cosa tornerà nel suo nucleo originario, risucchiata da un vortice.

Principe della Luce, magnanimo e inflessibile, spietato e misericordioso, governi con la bilancia e la spada.

Tu reggi l'equilibrio del Cosmo e dell'Uomo e sei Arconte dei Pianeti.

Trionfi sul Drago, senza però mai ucciderlo, perché sai che il Male è necessario all'equilibrio del Mondo.

Tu che non ridi mai, ma saetti il tuo sguardo su ogni cosa, il tuo scudo è simile a quello di Perseo.

La tua icona acheropita, risplende a Symi, l'isola dai piccoli templi, nel Santuario di Panormitis.

Al pari di Hermes, conduci le anime nell'Aldilà e custodisci i morti.

A Venezia il cimitero sta sull'Isola che porta il tuo nome, circondato da snelli e cupi cipressi.

Laggiù dormono, sotto la tua ala, artisti e poeti estinti: Ezra Pound, Sergej Djagilev, Olga Rudge, Emma Ciardi, Franco Basaglia, Luisa Baccara, Luigi Nono, Aldo Vianello e tanti altri le cui imprese non sappiamo.

Ombre tra le ombre.

Ripenso alla città morta di Kaunos, ricordata da Erodoto.

Kaunos, nel sud-est della Caria, un tempo affacciata sul mare, poi impaludatasi nel delta del fiume Dalyan.

Città infera dal clima malsano, famosa per i suoi fichi secchi.

Città industriale del mondo antico, vi si costruivano navi.

Posta in una sorta d'interregno tra acque dolci e salate, lì dove dialogano mondi e presenze, la sua fertilità diviene decomposizione in estate e in autunno, a causa dei miasmi della frutta che marcisce.

Talvolta l'abbondanza può divenire una maledizione.

Il passato siamo noi. Portiamo sulle spalle le ombre della Storia nell'improbabile fluire del tempo che stagna e s'impaluda in anse di oblio.

Come Enea porta sulle spalle il padre Anchise, così portiamo sulle spalle il peso dei nostri antenati.

Nelle notti senza luna, le parole divengono nebbia che si addensa su futuri dimenticati, il dolore dell'abbandono si distilla in ampolle sottili.

I fermenti impliciti in queste acque plurali evocano orizzonti e teatri d'imprese, desiderosi d'espandersi.

Parole gocciano in risonanze profetiche, condensando essenze inebrianti che producono ebbrezze fuggitive.

E già non siamo più.

L'Arcangelo è planato sul porto di Panormitis, lì dove si ergeva l'antico tempio di Apollo.

Ha voluto che il suo santuario fosse costruito proprio lì.

Come lui, ha il dono della profezia, è in grado di guarire e di uccidere.

La sua icona, alta più di due metri e ricoperta d'argento, non è stata dipinta da mani umane.

Il suo volto cambia continuamente espressione, eppure rimane fissamente ieratico.

Panormitis è un avamposto del sacro, di quella linea potentissima che attraversa la terra tracciata dalla spada dell'Arcangelo nella sua battaglia contro le forze oscure, (in Irlanda, Cornovaglia, Normandia, Piemonte, Puglia, Grecia fino alla Terrasanta) congiungendo in un'asse invisibile tutti i luoghi di culto dedicati a lui.

Dalle candele sciolte che i fedeli accendono davanti alla sua sacra icona si ricava un olio dai poteri taumaturgici.

Ogni candela è un voto che si accende in virtù di una corrente sacra.

La forza insita nella preghiera si liquefa e nella sua alchemica trasformazione si risana l'anima che ristagnava nella pena.

Apollo è il dio del Sole e della Poesia.

Arciere provetto, con le sue frecce avvelenate dissemina la peste, il contagio, ma quando la sua forza si espande mette in atto anche salvifiche energie di guarigione.

Dio oracolare, vede nel futuro, egli è ambiguo e obliquo.

Sfolgorante di bellezza, è il dio della luce, ma contiene in sé anche germi d'oscurità.

Symi promana una grande energia.

Ho visto e sentito le grandi ali dell'Arcangelo sbattere violentemente sulle sue pareti rocciose.

Ho udito la sua voce sovrumana vibrare come un terremoto o una tempesta marina.

Il suo occhio dallo sguardo inflessibile e magnetico mi ha risucchiata in un vortice oscuro.

Davanti a lui ognuno di noi è disarmato ed esposto.

La sua potenza è quella dei mondi inesplorati.

Inattaccabile, intangibile.

Severa.

COME UNA CERVA ANELA

"Questo è tempo di primavera/ma al di fuori delle leggi del tempo"

T.S. Eliot da "Little Gidding"

La cerva anelante si abbevera a corsi d'acqua, a sorgenti inviolate, si fa emblema dell'anima che aspira a ricongiungersi con Dio.

La sua sete è sete di trascendenza.

Nel Cantico dei Cantici l'Amato è paragonato a un cerbiatto per la sua bellezza ineffabile.

Animale selvatico e sfuggente, vive per lo più nascosto e raramente si lascia sorprendere. Nell'iconografia paleocristiana quest'immagine ritorna spesso.

Cervi che si abbeverano alle fonti compaiono nei mosaici del mausoleo di Galla Placidia.

Simbolo del perpetuo rinnovarsi della vita, di rigenerazione e di protezione, il cervo è creatura soprannaturale.

Cervi sono aggiogati al carro di Artemide.

Questo animale è presente nell'agiografia di San Giuliano l'Ospitaliere e in quella di Sant'Eustachio, in entrambi i casi lo si raffigura con una croce risplendente tra le corna.

Plinio il Vecchio lo descrive come spietato nemico dei serpenti.

Elafos ed Elafina sono il cervo e la cerva che accolgono al porto di Rodi chi giunge per mare e secondo alcune leggende liberarono l'isola infestata dai serpenti.

Lindos, bianca e azzurra, invasa da orde di turisti.

Una marea di liquame invade le belle stradine tortuose.

Somarelli sono pronti a trasportare sull'Acropoli i più pigri che si compiacciono del loro senso d'avventura.

Salendo, i somarelli defecano e dietro loro c'è un addetto a ripulire istantaneamente le deiezioni.

Lindos: bianca e pura, la perla immacolata del Sud.

Lindos: candido paesino in cui bottegai annoiati dall'invasione continua di visitatori sfruttano coloro che disprezzano, moltitudini venute da lontano per fruire di tanta bellezza.

Lindos: come Venezia, scenario per occhi ciechi e per passi confusi.

Lindos: la chiesa della Panaghia dai muri bianchissimi spicca luminosa al centro del paese.

La sua fresca penombra contiene affreschi di strabiliante intensità.

Alla sua porta tutti si affacciano, ma pochi entrano, poiché completamente assorbiti dell'*hybris* dell'ascesa all'Acropoli.

Nella chiesa della Panaghia si trova l'affresco di San Cristoforo cinocefalo.

Santo dal passato equivoco, come tanti altri, non uomo ma *monstrum,* venuto da un Oriente favoloso, lì dove i viaggiatori estremi raccontavano di aver incontrato strani esseri chiamati Sciapodi, Ciclopi, Stetocefali, Blemmi e Cinocefali.

Quest'ultimi erano esseri giganteschi, con la testa di cane e il corpo di uomo, spesso ritratti con indosso un'armatura e in mano una croce e una lancia.

Due grandi viaggiatori, Marco Polo e Cristoforo Colombo, dicono di averli incontrati.

I Cinocefali ricordano il dio egizio Anubi, dalla testa di scia-

Ο ἅΓΙC ΧΡ   ϛΟΦΟΡϹ

callo, protettore del regno dei morti.

Nella Bibbia sono alleati di Gog e Magog, le forze oscure del Caos.

Nella Leggenda Aurea, Offero è un gigante traghettatore che issa sulle sue possenti spalle quanti gli chiedono di attraversare il fiume.

Una notte di tempesta gli si presenta un bambino che vuole attraversare le acque.

A metà del guado, Offero sente che il bambino pesa indicibilmente: si tratta di Gesù e caricandolo sulle sue spalle ha portato insieme a lui tutto il peso del mondo.

Da quel momento Offero si converte e assume il nome di Cristoforo, il portatore di Cristo.

Le bellezze celate negli affreschi e nelle sante icone non sono per sguardi frettolosi, sono immagini viventi.

Ognuna di loro reca un'insegna, racconta una storia.

Riconoscere le tracce, i segni, farli propri, vuol dire affacciarsi alle porte spalancate sull'Invisibile.

L'Acropoli è densa di pietre e di visioni, circondata dalle mura impervie della fortezza diroccata dei Cavalieri di San Giovanni.

Sauri al sole, antichissimi, a occhi socchiusi, stanno immersi nella contemplazione del numinoso astro.

Le mura fioriscono. Le mura sanno.

Le pietre sono spugne: restano impregnate di memorie, di voci di passi, di vibrazioni e silenzi. Le pietre raccontano ed espandono il loro sospiro fino alle profondità più inesplorate.

I templi, le chiese, le fortezze si stratificano come le formazioni di una barriera corallina.

Gli dei muoiono e nascono, come gli animali e le piante.

Arcanghelos: una cittadina appartata tra Rodi e Lindos.

Sull'altura domina un castello asimmetrico che un tempo difendeva il paese dalle incursioni dei pirati. Bagliore abbacinante della chiesa dedicata alle brigate dell'Arcangelo. Atmosfera messicana.

Nella penombra troneggia un Arcangelo Michele gigantesco. La sua figura è possente, il suo sguardo inchioda, sottrarsi è impossibile.

Potenze luminose e oscure combattono senza tregua, ingaggiate in una lotta serrata.

L'Arcangelo alla fine calpesta le forze tenebrose della materia e afferra per i capelli l'anima, con forza e determinazione, per sottrarla all'annientamento.

Il suo appellativo è Taxiarchis, ovvero comandante di brigate che compiono con rapidità energiche missioni di salvataggio.

Tremendo e bellissimo, non si può sfuggirgli quando ci convoca.

Comprendere la sua chiamata è farsi permeare dalla fiamma dello Spirito.

KALITHEA

Fascino decadente delle terme di Kalithea.

Bianchi padiglioni, corridoi, giardini, anfratti, splendori.

Le acque terapeutiche si sono esaurite.

Piscina probatica era quella di Betsaida, a Gerusalemme.

Ne parla Giovanni nel suo Vangelo.

Aveva cinque portici, sotto i quali stava un gran numero di malati, di ciechi, zoppi e paralitici. A tratti, un Angelo scendeva sulla piscina e ne agitava le acque: chi vi si fosse immerso, subito dopo sarebbe guarito. C'era un uomo paralitico che stava lì da trentotto anni.

Gesù gli chiese: «Vuoi guarire?». L'infermo gli disse: «Signore, quando l'acqua si agita non ho nessuno che mi immerga nella piscina. Ogni volta che provo, qualcun altro riesce a scendere prima di me».

Gesù gli disse: «Alzati, prendi il tuo lettuccio e cammina».

Immediatamente quell'uomo guarì e, preso il suo lettuccio, cominciò a camminare.

Tu Arcangelo, muovevi le acque della piscina di Betsaida e i malati, immergendosi, ne uscivano guariti.

La materia si spiritualizza. Terme di Kalithea, gioiello di Rodi, costruite in stile orientale nel 1929, ricordo di fasti trascorsi, teatro di numerosi film di fama internazionale.

Nel 1960 le sorgenti sulfuree, da cui sgorgava acqua rossa, si sono prosciugate.

Rimane la memoria di un sogno.

Un lungo colonnato scandisce lo spazio dei suoi affascinanti e solitari giardini.

Più in là, dissonanze, ecomostri, orribili strutture alberghiere incombono come polipi giganti su baie azzurrissime dalla bellezza violata.

Gli albergoni mostruosi di Faliraki, obbrobri elevati a potenza, emblema di un turismo becero e incontenibile.

Potenze oscure e malefiche si espandono allungando i loro tentacoli su luoghi incantevoli, in una strenua lotta simile a quella delle forze del male contro l'Arcangelo.

Michele è il protettore dell'armonia della Natura, del Cosmo, ma il male non è mai debellato definitivamente, sempre si riforma, assumendo nuove strutture prende corpo, sostanza.

Vi sono dei signori emissari dell'oscurità; comandano legioni tenebrose che occupano e violano con la loro hybris i territori sacri.

Qual è stata la colpa che ha separato le milizie celesti da quelle infere, incidendo sulla fronte degli Arconti ribelli parole di distruzione?

Quale dramma cosmico si è inscenato al fine di produrre la catastrofe?

Nella fucina di Efesto operano i Cabiri e i Ciclopi, possenti divinità antiche e dimenticate.

Impossibile offrirsi a questi scenari di devastazione.

In Cielo vi sono delle tavole mnestiche su cui stanno segnati il Dare e l'Avere, la Colpa e il Destino.

Nulla viene dimenticato.

Terme di Kalithea, la fanciulla avvolta tra bianchi veli non piange in prossimità del sacrificio.
Voci gorgogliano spandendosi sulla terra riarsa come rivoli di sangue che il terreno beve.

LA DEA ROSSA

"Cenere sulla manica di un vecchio/è tutta la cenere/che lasciano le rose bruciate"

T.S.Eliot da "Little Gidding"

Nell'isola delle Rose trionfa la Dea Rossa.

Dea-Eadem: è sempre la stessa dea, che riaffiora dalla Terra, riemerge dalle Acque.

A lei vengono tributati onori nel corso di una cerimonia di purificazione che perdura nel tempo, celebrando la vita, la morte e la forza infuocata e rigeneratrice del Logos.

Si spargono petali di rosa il giorno della Discesa dello Spirito.

I Robigalia erano delle feste che si celebravano dal 25 al 28 aprile a Roma: si pregava la Dea Rossa e le venivano fatte numerose offerte.

Rosso, Rosa, Rodi, Rhodismos.

Le feste dedicate alla Dea Robiga/Rubigo venivano celebrate per impedire che il grano maturasse troppo presto, restando così esposto all'attacco di un fungo che procurava la robigine, ovvero la ruggine del grano, malattia che risultava devastante per i raccolti.

L'ibisco sanguina nei giardini.

Scintilla alchemica, calore del sole che giunge al vertice nella stagione più matura.

Piacere e attrazione, compimento e realizzazione.

I Cavalieri di Rodi erano potenti e autorevoli, ma anche feroci e sanguinari.

La loro grandezza si esplicava nell'aver costruito una città inattaccabile e inaccessibile, cinta da tre possenti giri di mura.

Eppure, per affermarsi, i Cavalieri di San Giovanni hanno dovuto comprare, conquistare, sottomettere.

La Dea Rossa è anche la dea del Mestruo, del Sangue.

Il primo Gran Maestro di Rodi fu il francese Foulques de Villaret (1305-1319), che conduceva una vita provocatoriamente sfarzosa e corrotta; perciò, non era in grado di assolvere ai propri doveri e di governare con equilibrio.

Il Consiglio dei Cavalieri elesse così un nuovo capo, Maurice de Pagnac, (1317-1319), ma Villaret non volle saperne di ritirarsi, perciò per tre anni ci furono contemporaneamente due Gran Maestri, fino a quando Papa Giovanni XXII non costrinse ambedue a dimettersi.

Fu eletto così Helion de Villeneuve (1319-1346), che stabilì nuove regole, sancì nuove alleanze e governò per molti anni con saggezza, equilibrio e ardimento.

Helion, nato nel 1270 circa, apparteneva a una nobile famiglia provenzale ed era fratello di Santa Rosalina, nata nel 1263.

Della santa si ricorda un episodio simile a quelli presenti nell'agiografia di Santa Casilda di Toledo e di Santa Elisabetta d'Ungheria. I suoi biografi raccontano che a dodici anni, nel bel mezzo del gennaio del 1275, mentre stava portando del pane ai poveri del villaggio, sarebbe stata sorpresa dal padre, che le avrebbe chiesto cosa portasse racchiuso nel grembiule; Rosalina rispose che aveva dei fiori e, una volta aperti i lembi delle sue vesti, effettivamente avrebbe mostrato al genitore un fascio fragrante di rose.

Affascinante è pensare che Rosalina abbia avuto a che fare, già a partire dal suo nome, con le rose e che il fratello Helion, sia diventato Gran Maestro dei Cavalieri di Rodi, isola delle rose dove si adorava Elio, il Sole.

Non è semplice districare i fili della storia, prodigi e inganni si sovrappongono in un palinsesto complesso e stratificato.

L'ultimo Gran Maestro fu Philippe Villiers de L'Isle -Adam. Lo scrittore francese Auguste de Villiers de L'Isle-Adam, raffinato simbolista e strenuo idealista, sognatore indefesso e capace di esercitare una tetra ironia, era discendente diretto del maresciallo Jean de Villiers, Gran Maestro dell'ordine di Rodi dal 1288 al 1294 e viceré di Cipro durante il regno dei Lusignano e, a causa della sua illustre genealogia, rivendicava il diritto di essere pretendente al trono di Grecia. L'onore di discendere da cotanto illustre antenato non esulò questo scrittore dal condurre una vita misera e scapigliata. Ogni risultato è raggiunto sempre con grande fatica e spargimento di sangue.

Mentre camminavo lungo la strada in salita dei Cavalieri di San Giovanni, costellata dagli Alberghi delle Lingue, (l'ordine dei Cavalieri a Rodi era diviso per lingue, in quanto a quei tempi non esisteva ancora il concetto di nazione. Gli alberghi servivano anche da ricovero per i pellegrini diretti a Gerusalemme, che spesso sostavano a Rodi. La via termina davanti a un grande portone gotico, che congiunge il Palazzo del Grande Maestro con la chiesa di San Giovanni, oggi distrutta) mi è sembrato che mi venisse incontro il mio Maestro, mezzo dimenticato, mezzo ricordato.

Ho fatto finta di non vederlo, ma lui si è messo a camminarmi al fianco e io coglievo la sua presenza con uno sguardo obliquo.

Mi parlava della collana di Armonia, mirabile gioiello, che portò grandi disgrazie a quante la indossarono, per lo più principesse e regine tebane.

La collana era formata da due serpenti d'oro ed era intarsiata di pietre preziose.

La collana era stata fabbricata da Efesto e aveva la proprietà di mantenere sempre giovane e bella colei che la indossava, perciò era molto ambita, ma in realtà portava sfortuna a quante ne entravano in possesso.

La collana è metafora dell'idea ingannevole di un sapere unitario e incontrovertibile che vorrebbe essere espressione di un logos in grado di congiungere la stabilità dell'arché con la completezza del kosmos, ambizione palesemente impossibile. Il mio Maestro mi diceva che Efesto, nella sua officina che si trova nelle viscere dell'Etna, è consapevole di compiere un lavoro sporco, disprezzato, ma imprescindibile per garantire la stabilità dell'Universo.

Mi diceva che Armonia, figlia di Ares e Afrodite, ambirebbe all'esemplare stasi che implica un perfetto equilibrio dei piatti della bilancia, ma questo perfetto equilibrio spesso è deleterio e produce ferite insanabili, abusi e sopraffazioni.

Inconoscibile è la voce che ci convoca, ma quando ci chiama dobbiamo andare e lasciare le nostre opere incompiute.

Ora si viaggia senza comprendere echi e memorie racchiuse nella pietra, non si vedono più in cielo le costellazioni che ricordano antiche vicende mitologiche.

Ci si occulta dietro a paraventi d'ombre.

Mentre pensavo a quanto mi andava dicendo, mi sono accorta che non era più con me, ma le sue parole continuavano a ronzarmi nella testa al pari di uno sciame d'api in un alveare.

Ero giunta in fondo alla via in salita.

Inevitabilmente e progressivamente si diminuisce perdendo qualcosa lungo la strada.

I gatti di Rodi.

Nobili, elastici, veggenti, non temono l'uomo e si aggirano tra le rovine dei templi.

Ci sono molti gatti rossi tra le rovine del Tempio di Afrodite all'ingresso delle città.

Quante rovine si lascia dietro il tempo.

E quanti Santi.

San Cristoforo per i viaggi.

San Nicola per gli spostamenti in nave.

San Fanourios per ritrovare persone e cose perdute.

La Panaghia a cui raccomandarsi va bene per ogni occasione.

San Fanourios deriva il suo nome da phainomai, mostrarsi, apparire, in quanto permette a ogni cosa e persona perduta di tornare nuovamente.

Perdere le cose e dissolversi è dispendio continuo che ci allontana da noi stessi.

San Fanourios è un po' come sant'Antonio, anche lui specializzato nel far ritrovare le cose perdute.

San Fanourios, facci ritrovare l'armonia perduta, la grazia, la capacità di ascoltare gli altri e di riuscire a perdonare.

Facci ritrovare la pace e il coraggio per vivere ogni giorno, anche quando siamo schiacciati dall'ingiustizia e dalla violenza.

Facci ritrovare la forza per rialzarci, per guardare negli occhi il nostro avversario e per comprenderlo.

Cinquanta giorni dopo la Pasqua ortodossa viene la Pentecoste.

Quest'anno la Pentecoste cade il 4 giugno, il giorno in cui è morto mio padre.

In questo tempo che separa la Pasqua dalla Pentecoste maturano i misteri dello Spirito. Anemos è soffio trasfigurante che attraversa ogni cosa, è Vento che sradica le vecchie credenze e convinzioni.

Il vento pentecostale fa piazza pulita di ogni compromesso e preconcetto, fa crollare ogni certezza.

Ci spinge avanti, verso un futuro capace di dialogare con il passato.

NAUFRAGHI E NAUFRAGI

T.S. Eliot da "Little Gidding"

Lavinia, una livornese trapiantata a Rodi racconta che ha iniziato ad amare la Grecia andando in barca di isola in isola insieme a suo padre, racconta che ora vende caramelle nella Città Vecchia di Rodi in via Sokratous, non viaggia più e si meraviglia di sé stessa e della sua scelta di vita. Da cosa fugge?

Perché ha sentito il bisogno di rifugiarsi proprio qui? Incombono grandi navi nel porto di Rodi. Da queste sbarca una moltitudine franta di esseri in cerca di un altrove che non sono in grado di comprendere, passano come ombre in dissolvenza, si sciolgono come sale nell'acqua.

Emerge dalle acque Afrodite, colei che ritorna.
Presenza inattingibile.
La Grazia e la Disfatta.
Colossi e Dee dove sono ora?
Battaglie continue tra mondi.
Ottomani, turchi, cristiani, ebrei, armeni, cavalieri e sacerdoti.
Gente antica, regni spodestati, passati sepolti, avidità di conquista, dualismi, contrapposizioni.
Moltitudini policentriche sono le isole nell'Egeo.
Morte e Rinascita.
Cicli incessanti di morti e rinascite.

Elementi costitutivi di una tradizione stratificata, prodotto
d'incastri, enucleazioni sovrapposizioni, trasformazioni.
La peste, il colera, endemici flagelli.
La vita scorre e lascia detriti sulle sponde.

Detriti, scorie del tempo
Abiti di stagioni scolorite
Ormai dismessi come sogni
Di altre età

I prodigi si esauriscono
E le grandi opere
Divengono macerie
In un degrado inevitabile

Mi catturi con la tua
Seduzione antica
Ma il cembalo è rotto
Il flauto fessurato

Eppure sei ancora qui
A dirmi che si sopravvive
Ad ogni prova
Talvolta ci si innamora
Anche in punto di morte

LA VIA DELLE SETTE FONTI

"Splendore più intenso agita lo spirito ottuso:/non vento, ma fuoco di Pentecoste/nel tempo oscuro dell'anno"

T.S.Eliot da "Little Gidding"

Sette Fonti

Eptà Piges.

Sentieri smarriti conducono in labirintica ascesa.

Perdendosi tra alberi caduti e faglie franose, tra torrenti e laghi, alla ricerca di una sapienza che sempre sfugge e allontanandosi pretende di attingere alle sorgenti dell'essere.

Pavoni stridono nella fitta foresta, ostentando il loro piumaggio sfavillante da ballerine di can-can.

Il Pavone è simbolo di vita eterna, la sua coda si apre in una rappresentazione del cosmo.

Uccello sacro ad Era, celebra la longevità, l'amore, ma anche la primavera e la rinascita.

Eptà Piges.

Abbeverarsi alla fonte nascosta della conoscenza, occultarsi nel segreto, decidere di sfuggire al tempo.

Tra le conifere, sette sorgenti sgorgano dal grembo fertile della Terra.

Non so perché queste ombre che si estendono sui nostri passi siano così lunghe.

Mi fanno venire in mente battaglie dimenticate.

Tra il fogliame sento uno stridere di cornacchie.

Un grande granchio d'acqua dolce si nasconde dentro un buco tra le rocce.

54

Salgo nel fitto del bosco verso qualcosa che non so, ma riconosco lo splendore antico dei luoghi.

Platani e pini circondano il luogo sacro.

Sette sorgenti si uniscono in un solo fiume, passando per un tunnel oscuro si giunge presso un piccolo lago.

Si riaffiora alla luce.

Ricercare le sorgenti dell'Essere non è impresa per tutti.

Solo pochi si avventurano nel passaggio periglioso che ricondurrà alla Luce.

Non tutti possono vedere e sentire l'Invisibile.

Rodi, Città Vecchia.

Città ottomana.

La città si espande gloriosa nei suoi duemilatrecento e più anni di storia: pirati e sultani, cavalieri e arcivescovi, re e sirene.

Riparò qui, da Alessandria d'Egitto, Apollonio Rodio dopo la sua contesa con Callimaco sul valore e lo scopo della poesia.

Scrisse "Le Argonautiche", che non furono particolarmente apprezzate.

Più che poeta, fu un erudito.

Dalla terrazza si osservano le anime molteplici della città, una polifonia di stili, architetture diverse raccontano storie del tempo passato, vestigia bizantine, chiese e templi, mura inaccessibili.

Ci sono misteri avvolti nell'ombra degli archi di pietra, brillano mille fiaccole nel castello del Gran Maestro al calare della notte.

Il minareto alto e snello s'innalza nervoso verso la falce di luna sottile alla quale sta appesa come un ragno una stella, o meglio un pianeta, Venere, irradiante splendore.

Statue incrostate di conchiglie e d'alghe emergono dal fondo del mare.

Afrodite, il suo Tempio violato, il ricordo cancellato che ritorna, ritorna sempre alla memoria, come il fulgore della stagione nuova.

Polloni turgidi si aprono in nuove foglie rosse.

La primavera arretra in un continuo frastornare del Vento.

Aghios Fanourios, il santo delle cose perdute, s'era perduto egli stesso, il suo culto era stato dimenticato, fino a quando la sua Sacra Icona non rivendicò la Luce.

Primavera, ritorna.

Dalla terrazza, abbraccio tutta la città in un solo sguardo.

Stanze segrete, anfratti di macerie.

Case crollate accanto a ristoranti e negozi ammiccanti.

Patate fritte e birra per tedeschi e americani.

Il profumo equivoco della fioritura: passiflora, ibisco, rose damascene.

Farfalle di Petaloudes: forme frali, vividi vascelli di luce impermanente.

NEL CUORE DEL MEDITERRANEO

"E quello per cui i morti/non avevano parole da vivi/ve lo possono dire da morti"

T.S. Eliot da "Little Gidding"

Imbarco per Kastellorizo con la Blue Star Patmos.

Isole perdute nell'Arcipelago del molteplice.

Kastellorizo: disperazione dei cartografi, che non riescono a darle una collocazione, una latitudine, una longitudine.

Kastellorizo è la prima e l'ultima isola della Grecia.

 A tre chilometri dalle coste turche. Le case di Kas si possono vedere ad occhio nudo. Incombe, oltre il mare, la catena montuosa del Tauro occidentale, nell'antica regione della Licia, le cui cime arrivano a più di tremila metri.

I monti della Turchia sbarrano la strada ai venti, creando un clima torrido.

Marea montante del turismo sulle coste turche turchesi: Antalya, Marmaris, Bodrum, novelle babilonie strabordanti di vascelli per turisti frettolosi di godimenti effimeri.

Discoteche, birra a fiumi, divertimento facile.

Caicchi, cacicchi.

I pirati dei Caraibi. Medusa.

Inganni e seduzioni a buon mercato.

Divertirsi è l'imperativo categorico.

Un kouros dalla bellezza inviolata e acefala si fa avanti, rivendicando il suo diritto a risplendere attraverso il tempo.

Immagine di un desiderio imperituro bruttato dalla volgarità galoppante.

Alcune città fantasma si delineano sulle pendici delle montagne della costa turca, dalle sagome rocciose e azzurrate.

Melagrane spaccate, potenze generatrici, simbolo di morte e di rinascita, riconducono alla dimensione infera dell'esistenza.

Ci sono respiri nascosti dietro i muri.

Immancabili gatti che si crogiolano al sole.

A Rodi le tre città di Lindos, Kameiros e Ialysos (secondo il mito fondate dai nipoti del dio Elio e della moglie Rodo) si allearono in una federazione militare che dominava le rotte marittime tra Occidente e Oriente.

Per questo motivo divennero importanti centri di scambi commerciali tra Greci e Fenici.

Nel V secolo a. C. sorse la "nuova" città di Rodi che rafforzò il suo dominio sui mari, suscitando le invidie di Demetrio Poliorcete, uno dei successori di Alessandro Magno che l'assediò nel 305 a.C. senza riuscire a conquistarla.

Un turismo sconsiderato e devastatore preme ai nostri giorni su quest'isola, sciami di cavallette la infestano ammorbandone la sacra aura.

Orde di Cavallette divoratrici che non risparmiano nulla.

Occhi di Atena, melagrane in ceramica, borse, braccialetti, abiti, una pletora di divinità kitsch.

La bellezza può dialogare con l'orrore?

Il sacro col profano?

Lì dove c'è un tempio, ci sono anche i mercanti.

Cristo fu il primo ad accanirsi contro di loro, contro il traffico commerciale che da sempre ruota intorno ai luoghi sacri.

Questa sua indignazione, oltre ai miracoli compiuti di sabato, gli costò la reputazione e poi la vita, perché fu considerato un comportamento che disturbava gli interessi dei commercianti.

Il Vangelo di Giovanni ci ricorda che Gesù non è venuto sulla terra per assecondare le prospettive umane, ma quelle divine.

Quindi aspirare a qualcosa secondo la nostra prospettiva umana è sbagliato.

Lo Spirito ha altri piani e progetti per noi.

La città è accerchiata da orde di gente che consuma incessantemente.

Tutto è in funzione delle loro futili necessità.

Contaminazioni ammorbanti.

Qui come a Venezia.

Adirarsi è giusto.

Viaggiare per mare è viaggiare di più.

La distesa delle acque cancella i legami che avevamo sulla terra.

Poros, Pontos, Thalassa, affidarsi alle onde, sancisce sempre il distacco dalle rive.

Aprirsi del navigare, affidarsi alle acque, ai flutti violacei o color ferro che riflettono il sole controluce.

Kastellorizo è tutta un affacciarsi di case colorate sul porto.

Oggi s'inaugura la chiesa di San Giorgio costruita nel 1904 che viene finalmente aperta al culto.

Alla cerimonia partecipano l'ex presidente della Grecia, insieme alla consorte e agli esponenti più in vista del clero ortodosso.

Un Pope bellissimo, imponente, carismatico, scende dal ferry.

È giunto a Kastellorizo per l'occasione e mangia al ristorante, insieme ai suoi colleghi e alle autorità.
Nel pomeriggio si svolge la celebrazione piena di riti e canti, lunghissima e fastosissima.
Costumi tradizionali, devozione, liturgie.

Quest'isola, è diventata famosa perché è stata teatro del film "Mediterraneo" di Salvatores (1991).
Essendo divenuta appetibile per l'immaginario turistico, sfrutta l'insperata occasione della sua celebrità, una vera e propria miniera d'oro per il turismo e gli affari.
Le facciate delle sue case sono dipinte con colori sgargianti, al pari di quelle dell'isola di Burano.
La sua vicinanza alla costa turca le ha dato una grande importanza politica ed economica.
Non è l'isola felice e innocente che appare al primo sguardo, è sempre in bilico tra due mondi.

I Lici appartenevano al gruppo indoeuropeo del popolo anatolico.
Sono citati da fonti egizie, ugaritiche, ittite.
Sono ricordati da Erodoto.
Nell'Eneide compare il re dei Lici Sarpedonte.
Sarpedonte da vecchio va a combattere a Troia.
Viene deriso per la sua età.
I vecchi che combattono danno fastidio, i vecchi dovrebbero solo arrendersi.
Sembra che i Lici siano giunti anche nell'isola di Creta.
A Kastellorizo hanno dedicato una statua a Despina Achlaiot, signora di Ro, una donna che ha vissuto da sola in un'isoletta

prossima alla Turchia, per più di quarant'anni, issando ogni giorno la bandiera greca sull'isola, per ribadire la sua fiera appartenenza alla Grecia, proprio davanti alle coste turche.

Onorare le pietre e l'identità è il compito che si arroga la donna più coraggiosa della Grecia.

Despina Achlaiot è l'Eroina del patriottismo greco.

È divenuta donna simbolo e incarnazione della Grecia, della sua volontà di non cedere, di rivendicare la sua identità e appartenenza.

A Kastellorizo, scavata sui fianchi della montagna, c'è una tomba licia del IV o V secolo a.C.

Inerpicarsi fin lassù offre una vista grandiosa.

Anche a Daylan, sulla costa turca, vi sono numerose tombe licie.

Ricordano questo popolo, la cui discendenza era matrilineare, le sue istituzioni che proteggevano il matriarcato.

Hanno lasciato, scolpite sulle montagne, tombe di antichi guerrieri e sacerdoti.

Le tombe licie sono l'archetipo da cui prendono ispirazione le abitazioni di Symi e di Kastellorizo.

Ipnos e Thanatos sono figli della Notte.

Quando la bellezza è perfetta e luminosa, carismatica e pacifica, sorridente e accogliente, non ci si può che inchinare davanti a lei.

Ibisco, Bouganvillea, Ipomea rubrocerulea, i fiori più luminosi, celebrano feste di luce.

A lungo ho navigato tra le coste della Turchia e quelle della Grecia, nel mare delle contraddizioni e dei fantasmi.

La dimensione del desiderio è sempre in espansione visionaria e onirica.

Il Peloponneso era chiamato Morea perché aveva la forma di una pianta di gelso.

Nel Museo Archeologico di Kastellorizo c'è la statua acefala di Igea.

Igea è la dea della Salute, la figlia di Esculapio, dio della Medicina.

Igea veniva invocata per la cura delle malattie, per ristabilire l'armonia nell'anima e nel corpo.

Appare come una giovane donna prosperosa intenta con una coppa a dissetare un rettile o seduta su un seggio, con la mano sinistra appoggiata a un'asta, mentre con la sinistra porge una patera a un serpente che lambendola, s'innalza da un'ara posta davanti a lei.

Il suo culto è associato a quello del padre.

La sua coppa, avvolta dalle spire del rettile ricorda quella di San Giovanni Evangelista.

Giovanni fu costretto a bere una coppa di veleno per non avere sacrificato agli dei, benedisse la coppa e da questa uscirono delle serpi.

San Giovanni Evangelista è l'Erede di Igea?

Giovanni presenta tratti femminei e la sua iconografia si confonde con quella della Maddalena che regge in mano la coppa coi profumi.

Profumo e veleno si somigliano?

Due serpenti sono avvolti intorno al caduceo di Hermes, usato come simbolo della professione medica, al pari di quello di Esculapio. La ridente e colorata Kastellorizo è stata teatro di drammi e naufragi, come Lampedusa. Profughi, soprattutto siriani, sono annegati in prossimità delle sue coste. Anche bambini.

Molti migranti sono periti nell'Egeo.

Kastellorizo: isolotto di sogno o luogo di conflitti territoriali?

Enclave marittima tra due continenti?

Qui Oriente e Occidente entrano in collisione.

La coppa e il serpente, la pienezza e il vuoto.

Vacuum Kenos.

Kenosis: la scienza del vuoto.

Svuotare sé stessi
È notte oscura dell'anima
Abbracciare quell'oltre
Che fa di noi nulla

Pura vacuità
È preghiera del cuore
Oltre lo spazio e il tempo
Sta l'eternità

Il corpo di luce
Risorto risplende
Colui che è morto
Ritorna nella gloria

Mentre tu scrivevi
La Storia decideva
Di irrompere
Destini si configuravano
Oltre ogni profezia

VIAGGIO CIRCOLARE

"La comunicazione /dei morti è avvolta in lingue di fuoco/al di là del linguaggio dei vivi"
T.S.Eliot da "Little Gidding"

Passeggiata lungo le mura.
Ammiro la varietà incredibile di fiori e mi affascinano grossi lucertoloni simili a iguane che si rincorrono tra le pietre della cinta muraria.
Sono creature robuste e antiche.
Ricordano i tempi in cui cavalieri muniti di pesanti armature combattevano contro uomini inermi.
Il contrasto domina perennemente la Vita.
Il debole è sempre esposto ai colpi del Destino.
La mente si scolora in nuove rappresaglie e tu non dici, non ancora, non per sempre, mai più.
Visito l'Acropoli che si trova sul Monte Smith da cui appare una vista completa della Città Vecchia e della Città Nuova.
Lacerti del tempio di Apollo, stadio, odeon.
Rovine senza nome.
La gente fa il pic-nic tra i resti di un passato glorioso.
Bambini saltellano su pietre antichissime.
La sera ho bevuto Moscofilero presso la porta d'Amboise.
Il Moscofilero è un vino bianco del Peloponneso, secco, profumato dalle con note agrumate e speziate.
Un vino che è un poema in cui danzano cosmi.

Bellezza e contrasto.
Visioni di inenarrabile armonia

Violenza grossolana e commercio spiccio
I cavalieri di Rodi
Un drago infestava quest'isola

La rosa fiorisce sul muro
Nella passione postuma
Di orizzonti inesplorati
Ogni isola è roccaforte
E baluardo di orizzonti
Innominabili

Ogni creatura reca in sé
Tracce di vite precedenti
E riconosce ciò che ha perduto
In un tragico lampo di grazia

Quale fu la colpa che spodestò il cavaliere che aveva sconfitto il drago?

Quale chimera illude lo sguardo spento di una molteplicità di locuste che invadono i giardini sacri?

Appellarsi a Fanourios, colui che fa riapparire le cose perdute. Il santo che riappare, antica icona dissepolta.

Riappare ed esprime la propria identità cancellata da secoli di smemoratezza. Ci macera un'eterna febbre di partire verso una nuova isola, per oltrepassarla, navigando da un'isola a un'altra, sgranando un rosario di visioni, di contraddizioni, per inoltrarci lungo correnti segrete, in un miscelarsi di lingue, culti, leggende.

La fame spinge gli esiliati lungo i cammini d'acqua in una fuga continua che li conduce alla morte.

Dee e maghe, sirene e pirati.

La cura è fittizia.

La cura è vana.

Il dolore si cela alle radici e s'irradia per tutta la carne.

Ma la Dea, la Dea-Eadem, sempre la stessa, tiene appeso l'universo al suo candido lobo al pari di un chicco d'uva.

Furore dionisiaco smembra e divide uomini e mondi.

Un profumo claustrale e segreto oltrepassa i muri: una moltitudine di fiori invade l'isola con la sua generosa bellezza.

Le rose di Rodi sono rose antiche.

Effondono il loro profumo con grazia e generosa devozione.

Nella chiesa, all'ombra dei volti ieratici e ineffabili degli angeli e dei santi, conficco nella sabbia candele sottili che accendo per il ristoro degli erranti.

Tutti erriamo e ci ritroviamo, sfiancati dal lungo peregrinare, a indugiare su spiagge dimenticate, lungo viali alberati e silenziosi.

Fummo pesci negli abissi, serpi al sole, vento e onda, gorgo e abisso, svanendo sulle soglie sospese tra la terra e il mare.

Apollonio fu costretto ad andare in esilio a Rodi per la scarsa considerazione che i suoi concittadini, ad Alessandria d'Egitto, avevano della sua opera: "Μέγα βιβλίον, μέγα κακόν" (grande libro, grande male). Parlavano così delle "Argonautiche".

Ma dietro alle sue pesantezze di erudito, c'era un poeta lirico che seppe raccontare l'inquietudine del viaggio, il suo sprofondare in mille segrete distanze, il dolore di chi crea una grande opera, che viene disprezzata e derisa dai suoi contemporanei.

Il *nefas* argonautico sommerge le anime di chi salpa, ma anche quelle di chi rimane a terra.

Osservo il volo leggendario e inquieto delle farfalle precoci e l'intenso fulgore dei bulbi fioriti sul terrazzo.

L'ardore dei narcisi e la loro brevità.

Approdando al porto, oltrepassate le onde del mare, il cavaliere s'inoltra nella città antica, col suo passo robusto oppresso sotto l'usbergo della sua sanguinaria virtù.

Essere inflessibili, essere ospitalieri, curare e al tempo stesso uccidere.

Ma quale valore, quale bellezza ci accende solo per brevi attimi?

La Gloria è una corona di spine.

Rodi, roccaforte antica più di duemilatrecento anni, ricolma di pietre e memorie, ma anche di devastazioni.

Immondizie e rovine, tetti crollati si alternano a incantevoli resort restaurati.

Vecchie donne che guardano la televisione dentro antri sopravvissuti, ultime stamberghe della città vecchia.

Moschee dalle porte sbarrate s'innalzano verso cieli di turchese.

Fontane spente dove si compivano le rituali abluzioni.

Non giungeremo mai al porto agognato.

    Navighiamo lungo le scie di correnti
    In un sogno argonautico
    Eppure tra terra e mare
    Tra isola e isola
    C'è sempre questo sentirsi

Soli e inquieti
Sfiancati da troppe
Estasi e estati

Non siamo innocenti
Siamo collusi e complici
Del macello di ieri

In un avvicendarsi di dominii
Rimane la traccia invalidante
E violata dei nostri banchetti
Crudeli

In questo stemperarsi di petali
Di rose, rose canine, rose antiche
In un ronzare d'insetti
Che si abbeverano ebbri
Ai loro calici

Comprendiamo che la razzia
E la rapina perpetrata
Dai Cavalieri in fuga
Da Cipro e dalla Terrasanta

È identica a quella di oggi
Avida e dissennata
Compiuta nel segno di Hermes

Il soffio dello Spirito giunse come un tremendo boato,
facendo tremare i muri e le finestre, spezzò serrature e

catenacci, in un attimo scesero lingue di fuoco a ustionare le fronti degli Apostoli, segnandole con un terzo occhio divino.

Al centro stava Maria, la prima su cui scese la colomba infuocata del Logos.

Il cerchio si chiudeva perfetto, riconducendo il tempo al giorno dell'Annunciazione.

Si aprirono gli occhi alla Visione, si sciolsero le lingue alla Parola.

Da quel momento iniziò il loro viaggiare di terra in terra, di mare in mare, simili in tutto agli Argonauti.

Conobbero tutti i luoghi e comunicarono in tutte le lingue e scorrevano da un luogo a un altro portando con loro il Fuoco ricevuto, fino a quando divennero vecchi, o martiri, sempre continuando a sognare e a insufflare nei mondi l'oro dello Spirito.

La lama del soffiatore di vetro incide la pasta incandescente e la definisce. Ustione è battesimo di fuoco, apprendere una nuova lingua che comunica e comprendendo libera coloro che languiscono sotto innominabili gioghi di oppressione e schiavitù.

Dentro un alveo nascosto, in una cripta segreta, dentro un albero cavo sta il corpo inviolato della Dea che perennemente genera lontano dai templi, presso una sorgente d'acqua trasparente, vicino a un cespuglio di rovi e di biancospino.

Moltitudini scelgono di popolare la terra, senza per questo riuscire a comprenderla. Cibo è viatico, che nutre il corpo donandogli la forza per creare nuovi mondi possibili.

Olive, olio, vino, pane, acqua di fonte.

Alzò lo sguardo Maria Maddalena verso il volto dell'Amato, ma non lo riconobbe, anche se per lei era Tutto.

Non lo riconobbe, al pari di Orfeo, che obnubilato dal suo lungo peregrinare per le contrade tenebrose dell'Ade, non riconobbe Euridice quando lei lo raggiunse e si mise a camminargli al fianco.

Maria Maddalena teneva alto il suo calice colmo di aromi immortali, quando un aspide luminoso si attorcigliò alla sua coppa.

Intuì che nessuna preghiera è innocente.

In cerca dell'Amato, incontrò un giardiniere presso il Sepolcro.

Non riuscì a vederlo, aveva gli occhi offuscati da troppe lacrime.

Il suo desiderio la conduceva molto lontano da lui.

Mosè, per guarire il suo popolo colpito dal morso velenoso dei serpenti, innalzò nel deserto una croce su cui stava un serpente di bronzo.

Tutti quelli che alzavano gli occhi verso di lui guarivano.

Nel tempo però, quel miracoloso serpente divenne un idolo, Nehustan.

Ogni immagine, parlando, ci conduce ben più lontano di quanto avremmo potuto immaginare.

Aspide luminoso della colpa, il tuo veleno diviene farmaco e Igea, che conosce la cura e la guarigione, da tempi immemorabili si lascia avvolgere dalle tue spire.

Esculapio sorride alla sua bella figlia e si compiace di lei.

Agathodaimon era un demone buono, un demone gentile che proteggeva il grano, i vigneti e le città.

Serapide ha gli stessi morbidi boccoli del Cristo, lo stesso luminoso sguardo.

Immagini e simboli trasmigrano gli uni negli altri, il passato
si trasforma nel presente, sentieri di luce conducono a grotte
buie, dove riposano memorie ancestrali.
Le Potenze ci convocano e s'impongono con autorità.
La loro imponenza sovrasta e sopraffà.
Non c'è più tempo per indulgere.
L'Angelo non può morire e gli è dato conoscere i recessi più
reconditi della nostra psiche.

> Venivi dalla notte
> Recando conchiglie e segreti
> Raccontavi di albe
> Fiorite sulle rive
>
> Un gran vento
> Si alzava sulla città
> Chiamando a raccolta
> Le forze invisibili
>
> Nella notte svegliarsi
> E affacciarsi alle vetrate
> Vedere una bianca sagoma
> Librarsi nel cielo
> Prima della tempesta
>
> Notte di bora a Trieste.
> Cigolano le finestre del quinto piano.
> Non credevo che il Vento dello Spirito
> Potesse soffiare così forte.
> Lo Spirito è inquietudine che divampa

Fuoco che si apprende su terreni carsici

Ci si riappropria del vento e della voce.

Percepire ombre ottomane aggirarsi tra le pietre frante di moschee abbandonate.
Sfilano rapidi i riflessi di epoche estinte.
Ogni vicenda umana è destinata a tramontare e a ritornare nel buio pozzo dell'indistinto.
La rosa fiorisce splendida come in un racconto orientale, effondendo nell'aria il suo dolce profumo.
I suoi petali si aprono come stanze nuziali.
Il profilo sottile della mezzaluna somiglia a quello di fanciulle greche in attesa che da profondità inesplorate giunga per loro l'Amato carico di promesse e di inganni.
I dadi vengono gettati: si compiono i destini e sempre si rimane incompiuti.
Nei vicoli dagli acciottolati antichi sfrecciano motorette roboanti.
Negozietti offrono mercanzia facile, vendono statuette di dei che ricordano quando l'Olimpo era popolato, simulacri kitsch e inutili come le maschere a Venezia che celebrano Carnevali ormai estinti.
Riconoscere gli sconquassi del tempo. La caducità resta in pretestuoso equilibrio sui fianchi delle montagne eterne.
Impervio avvicendarsi di presenze e assenze.
Dove sono gli dei?
Si sono ritirati dalla Storia.

LE ACQUE ANTERIORI

"La storia è una trama di momenti senza tempo"
T.S. Eliot da "Little Gidding"

L'acqua è poca, la sete molta.

Le forme si accontentano di restare incompiute.

Nelle tavole mnestiche e negli annali sfilano gli elenchi dei Gran Maestri.

Cavalieri e cavalli si addentrano in un territorio ostile, un'isola circondata dalle acque, su cui imperversa la vampa del Sole.

Rimpiangono Gerusalemme. Qui, per affermarsi, hanno messo ogni cosa a ferro e fuoco. In realtà hanno comprato l'isola da un intrallazzino. Ma qual era il veleno del Drago che infestava queste terre, reticenti ad accoglierli?

Il Drago sempre ritorna sotto nuove forme.

Robusti sauri lottano tra le pietre in amorose battaglie.

Siamo divorati dalla notte della storia.

Nuvole si sfrangiano sui bastioni della città inaccessibile.

Isole esposte alle correnti, agli influssi, a racconti ripetuti fino alla loro autocombustione.

Donne dai volti scolpiti e intensi, i loro tratti marcati recano una grazia che presto appassisce.

Impossibile è ricapitolare tutti i fiori incontrati nel tempo, le loro proprietà, i loro nomi misteriosi, pronunciarli in ogni lingua, non si potrà mai conoscerli del tutto.

Nel porto, le grandi navi sottolineano la tracotanza dei nuovi venuti giunti fin qui avventurandosi sulle acque, ma senza spirito d'avventura, senza desiderio di conoscere.

Non c'è più il Colosso, Elio, una delle sette meraviglie del
mondo antico, a irradiare il suo splendore, a custodire il porto,
un terremoto lo fece precipitare e infrangere nel 226 a.C.
Annunciava così l'approssimarsi della fine di un'epoca.
Gli Dei avevano scelto di ritirarsi dalla terra.
Da allora, nessuno più osa riedificare ciò che rivendica la sua
volontà di perire.

    Quando l'astro più fulgido
    Splende irradiando la propria potenza
    Negli spazi deserti
    Quando nutre la terra
    Della propria luce
    Quando elargisce
    Bellezza e pensiero
    Leve motrici dell'universo
    E dell'immaginazione

    Allora quando l'astro più fulgido
    È mortalmente ferito
    Dal dolore della perdita
    Quando stringe al petto
    Suo figlio Fetonte morto
    Che egli stesso ha folgorato
    Tutto all'improvviso si restringe
    Diviene un tappeto spesso
    Di tenebra

    Quando il Sole smette di fiorire
    E la speranza delle stagioni

Si spegne
La terra isterilisce
Nell'abbandono
Quando la parola tace
E più non si compongono
Poemi per il Signore della Luce
Un freddo desolato circola nel sangue

Tu che sei Stella di Fuoco
Sei stato sommerso
Dal nero flutto del dolore
Che ha soffocato i tuoi empiti
I tuoi raggi si sono raggelati
L'oro della tua corona si annerisce
Si ossida coprendosi
Di una patina di spessa oscurità
Di un manto di caligine

Tu che nel tuo infinito lutto
Non attraversi più gli spazi
Col tuo cocchio numinoso
Il tuo dolore è anche il nostro
Il tuo limite è nostro confine
La tua desolazione il mio tormento
E non possiamo che dolerci
Per la tua totale eclissi
Che oscura le nostre pupille
E i nostri passi mendichi

Argo, la prima nave, volava sulle acque, la conducevano gli eroi più grandi e valorosi dell'antichità.

Tra loro c'era anche Atalanta, la vergine guerriera e Ceneo il Lapita, che un tempo era stato donna col nome di Cenis.

Cenis rappresentava il Novilunio.

Di lei s'innamorò Poseidone, il Re del mare, che promise di offrirle in dono qualunque cosa desiderasse.

Cenis domandò di essere trasformata in uomo e di essere invulnerabile: fu esaudita dal Dio.

Così prese il nome di Ceneo.

Col tempo Ceneo divenne orgoglioso e superbo e perciò Zeus decise di punirlo.

Durante la battaglia tra Centauri e Lapiti, fu colpito ripetutamente dai Centauri con tronchi d'albero e sotterrato con terra e pietre: morì soffocato e la sua anima volò via da sotto la catasta in forma d'un uccellaccio dalle ali fulve.

Giunto nell'Ade, riprese sembianze femminee e al momento del suo funerale tutti si accorsero che il suo corpo era tornato a essere quello di una donna.

A molti degli Argonauti fu negato il ritorno.

Ila fu rapito dalle ninfe in un gorgo d'acqua scura, fu risucchiato in un vortice, trascinato giù da queste, verso l'abisso innominabile. Le loro braccia candide lo stringevano fino a soffocarlo, ingorde di tanta bellezza, insidiose e malefiche lo uccisero per l'avidità di possederlo.

L'Afrodite pudica di Rodi, riemersa dalle acque non ha più le braccia per reggere la veste che le scivola dai fianchi.

Madre e figlia sono una cosa sola, creata dal medesimo stampo.

Il chicco e la spiga.

Luci illuminano la costa.

Dopo mille sviamenti si giunge all'isola.

Il mare muta ed è sempre uguale.

Il pelago dell'indistinto non si può seminare né arare.

Proteo è il nome del Vecchio del Mare, che muta sempre forma.

Ha il dono della profezia.

Conosce i recessi più segreti dell'anima e delle acque.

Sa tutte le cose vere, passate, presenti e future.

Ma chi vuole da lui una profezia deve costringerlo con forza, legarlo, impedirgli di sgusciar via, di cambiare sempre forma.

Proteo sfugge, si sottrae, solo quando viene catturato e legato, è costretto a rivelare le sue profondità.

Ha timore della verità, sa che la verità è oscena, mentre lui è Oceano, Pelago infinito.

Per Proteo, cattura è estorsione di verità, preferisce la fuga, il disapparire, lo scivolar via sgusciando inorridito dall'approssimarsi a Verità.

Egli è pianta, serpente, leone, fiamma ardente, acqua corrente: solo se viene legato è costretto a manifestare ai mortali la volontà degli dei e i decreti incontrovertibili del Fato.

Il sapere del Mare è molteplice, trascina e trasforma conducendo verso Nessun Luogo.

Tenere un segreto è segno di potere, il mistero è inattingibile, cercare di estorcerlo è profanare il segreto.

Il Veglio esercita il potere sulle acque del Mare.

Governa l'interiorità.

Il sapere del Mare è una vasta plaga non vendemmiabile.

Il Mare si sottrae al sacrificio voluto dalla Polis.

Ricco d'isole è il mare.

Viaggiando verso esse, ci si perde nella complessità.

Ci si frammenta in mille scaglie luccicanti e ci si ricompone nelle abissali profondità marine.

Incontrare la molteplicità delle isole è come andare incontro alla complessa frammentazione della nostra identità.

Nel moltiplicarsi delle forme si può accedere alla varietà dei cosmi di cui ogni isola è espressione.

Astronauta e Argonauta, infine, appartengono alla medesima genealogia.

Forse
L'anima ti ride
Sottile
Tra le palpebre
Quando ti vedo
Tra le nebbie
Del ricordo

Forse ti sento
Nei ritmi lievi
Delle stagioni
Quando ti chiamo
Sulla soglia
Del mio sonno

Il mio andare
E tornare
Somiglia

Alle onde del mare
Tu somigli
Alle sue acque profonde

(1976)

ISOLE

*"Di errore in errore l'esasperato spirito/procede se
non lo emenda quel fuoco che affina".*

T.S. Eliot da "Little Gidding"

Imbattersi nella pluralità delle isole è abbandonarsi al gioco illimitato delle forme, che come in un gioco di specchi si moltiplicano all'infinito, facendo rimbalzare il desiderio da una all'altra.

Ci affacciamo a questi microcosmi con l'incompiutezza di una conversazione sospesa che si vorrebbe sempre riprendere da dove l'avevamo interrotta.

Sperimentando le differenti tonalità e caratteri di ogni isola, conosciamo le nostre parti nascoste, ci apriamo alla conoscenza dei possibili.

Ogni volta che si lascia un'isola, alimentiamo il desiderio e la nostalgia.

Solo la distanza e il distacco insegnano a celebrare nel ricordo le forme più ostinate dell'amore.

Nel mare ci sono mostri e ci sono agguati.

Nel mare ci sono correnti rapinose.

Approdare a una nuova isola significa entrare nella sua aura, affidarsi a lei. Spesso i luoghi accolgono i nuovi venuti con dolcezza e con spirito amichevole, ma pian piano quell'apparente facilità provata nel sentirsi accolti quando si tocca la riva diviene un'insidia, un pericolo.

Ci si sente esposti e vulnerabili in un territorio ostile.

Meglio non rivelare la propria identità, la propria natura, ma osservare le leggi dei luoghi, onorarne gli dei, i miti e i riti.

80

Non si devono cogliere le rose, non bisogna imporre i propri voleri agli abitanti, ma imparare le loro usanze, esprimersi con le loro parole.

Costringere gli autoctoni a piegarsi, obbliga alla disfatta.

Si rimarrà in quell'isola tollerati a stento, come una scheggia conficcata nella carne, che prima o poi verrà espulsa in quanto corpo estraneo.

Conoscere un'isola significa dimenticare la fedeltà a noi stessi.

Il vasto pelago scintillante si fa promessa e desiderio di conoscenza e di avventura infinite.

> "Sempre il mare, uomo libero amerai,/perché il mare è il tuo specchio; tu contempli/ nell'infinito svolgersi dell'onda/l'anima tua, e un abisso è il tuo spirito/non meno amaro."

Così Baudelaire celebra la vastità del Mare, specchio della profondità delle anime intraprendenti e coraggiose.

Ogni isola che si delinea all'orizzonte evoca la dimensione del mistero.

Circondata dalle acque, si offre come meta per chi ha saputo avventurarsi fino a lei.

E in questa irrequietezza perpetua, navigando d'isola in isola, da ente a ente, si diviene Niente.

Ma le isole ci riportano anche a stadi precedenti dell'esistenza.

> Emergono dal mare
> Bianche statue di marmo

Veneri pudiche
Che celando il loro
Desiderio lo ostentano
Cosa conduce
Verso i luoghi più remoti?
Cosa illumina
La condizione insondabile
Del mistero?

Nascoste nell'ombra
Stanno le dee luminose
Delle Acque

I volti scolpiti
In un sorriso enigmatico
Cancellato
Dal lungo permanere
Nelle profondità.

ARDORE PENTECOSTALE

Rhodismos è una cerimonia che perdura nel tempo, un atto di purificazione che si costituisce come ponte e dialogo tra i vivi e i morti, una lustrazione volta a cancellare le impurità che la storia e le vicende individuali portano ad accumulare inevitabilmente, una pratica religiosa che celebra la rinascita della Primavera, le cui origini derivano da antichi culti praticati in Bitinia e in seguito importati nella Roma imperiale.

Nell'ardore pentecostale
Cespugli di rose
Flagellati dalla pioggia sferzante
Di un maggio freddo
Nella sua veste invernale

Quante volte a Calendimaggio
Ci sorprese la neve
Sui prati fioriti
Dove aspettavamo
L'amore
Prima della battaglia

La vita ci sorprende
Con le sue improvvise gelate
Ma poi torna sempre
La fiamma a riscaldarci

E piove una pioggia rossa
Di petali di rose
Irradiando la luce dello Spirito
Apre canali segreti
Una corrente di fuoco

Così parleremo ogni lingua
E ci faremo attraversare
Da ogni conoscenza
Perché è grande
Il desiderio
Di aprirsi a ogni possibile

Nel calendario liturgico c'è un tempo ordinario, che scandisce un periodo dell'anno nel corso del quale non vi sono accadimenti importanti dal punto di vista religioso e simbolico, e un tempo extra-ordinario, in cui accadono eventi dalla portata salvifica e che si configura come un vero e proprio cammino di salvezza e di conoscenza.

Ha queste caratteristiche il tempo pasquale, che inizia con la veglia della Notte Santa e che termina cinquanta giorni dopo, con la festa della Pentecoste.

Allo scadere del quarantesimo giorno si celebra l'Ascensione di Cristo in Cielo.

Cinquanta giorni dopo si celebra invece la Pentecoste, ovvero la discesa dello Spirito Santo su Maria e gli Apostoli, avvenimento che dà inizio al loro viaggio intorno al mondo per diffondere la Parola di Cristo.

Durante questo tempo sacro, i confini tra i mondi si fanno più indistinti: Visibile e Invisibile comunicano tra loro.

Il calendario liturgico ortodosso è diverso da quello cattolico: la Pentecoste cattolica segue il calendario gregoriano e nel 2023 è caduta domenica 28 maggio, mentre quella ortodossa segue il calendario giuliano ed è stata celebrata domenica 4 giugno.

Nel quarto dei "Quattro Quartetti" di T.S. Eliot, "Little Gidding", scritto nel 1942, particolarmente intenso per la sua portata mistica e sapienziale, l'immagine del fuoco è associata a quella della Pentecoste per sottolineare la necessità della purificazione da parte del genere umano.

Eliot, che già si era addentrato tra il 1917 e il 1921 con la sua raccolta di scritti critici nel bosco sacro della poesia, afferma: "La tradizione non è un patrimonio che si possa tranquillamente ereditare. Chi vuole impossessarsene deve conquistarla con grande fatica" (da "Bosco Sacro").

Per questo i viventi devono mettersi in contatto con coloro che non sono più, per continuare a portarne avanti le opere, ma spesso, frastornati dal rumore che li circonda, non riescono a cogliere i loro messaggi e a comprendere la loro volontà.

La percezione frammentaria e confusa del senso della vita da parte del genere umano ha come conseguenza quella di generare continui cicli di guerre, violenze e sopraffazioni, che si potrebbero evitare se si fosse capaci di accogliere la grande eredità che ci deriva del passato.

La descrizione degli sconquassi metereologici e delle alterazioni climatiche che spesso ricorrono nei versi di Eliot si configurano come specchio di un disordine spirituale.

Nel poemetto "Little Gidding" viene incontro all'autore, nelle spoglie di un suo antico maestro, un fantasma ibrido che è il risultato della combinazione di vari poeti e personaggi della letteratura che hanno esercitato i loro influssi su di lui e che si configura come una sorta di ponte tra passato, presente e futuro.

Solo creando un dialogo ininterrotto e atemporale tra i vivi, i morti e coloro che devono ancora nascere, solo dialogando contemporaneamente con queste tre dimensioni, si potrà sperare in una qualche salvezza.

In questa comunicazione visionaria sta racchiuso il mistero degli accadimenti.

Ma per riuscire a oltrepassare questi confini invisibili, bisogna staccarsi da ogni certezza terrena e scegliere di abbracciare l'incertezza e la precarietà, prendendo la via del Mare.

In fondo, varcare la superficie delle acque implica uno scopo che oltrepassa ogni immaginazione: il peregrinare continuo sul mare porta inevitabilmente a una trasformazione, un cambiamento che avviene dentro e fuori l'individuo.

Vi sono porte e soglie tra il Tempo e l'Eternità, ma per raggiungerle non bisogna appellarsi alla logica razionale.

Affidarsi all'intuizione e all'indeterminatezza offre la possibilità di sperimentare nuove condizioni dell'essere.

Navigando nel pelago dell'indistinto, non si approda alle isole solo per visitarle, per indagare sugli usi e costumi dei loro abitanti, per studiarne la cultura e le tradizioni, per soddisfare le proprie curiosità, ma per essere investiti dalla fiamma della Trascendenza.

Si tratta di luoghi in cui l'Eternità s'intreccia col Tempo, e varcarne la soglia significa intraprendere la via della Notte, procedere in una sorta di te-alogia, percorrendo il cammino della Notte Oscura cantata da San Giovanni della Croce.

Immersi come siamo nella nostra precarietà materiale e spirituale, non possiamo che chiedere di essere attraversati e purificati dal Fuoco, dalla sua fiamma distruttrice e generatrice, portatrice di morte e vita al tempo stesso.

Intraprendere questo viaggio estremo libera dai fantasmi del passato e da quelli del futuro.

Solo esercitando il distacco con autentica devozione, possiamo sperare di amare svincolati dai condizionamenti contingenti e dallo scorrere ineluttabile del tempo.

Il fuoco dello Spirito Santo brucia al pari della camicia di Nesso, perché l'amore, che può essere un'immensa schiavitù, oppure una perfetta liberazione, ci insegna a tollerare il dolore della distanza inflitta dalla vita stessa.

Solo ardendo di questa fiamma possiamo accettare la durata limitata della nostra fioritura.

Avventurarsi sul mare significa aspirare a un futuro.

Nell'attraversare le acque si incontrano gli dei insaziabili del Mare e la loro sete.

Navigare tra la Turchia e le isole greche diviene così una sorta d'iniziazione.

Le isole cui si approda si configurano come luoghi di utopia, salvo trasformarsi in territori colmi di incubi e agguati.

Il viaggiatore è sempre e comunque portatore di contagio.

I saperi che possiede divengono maledizioni.

Eppure ci sono isole in cui i saperi e le fedi si mescolano, isole in cui convivono ebrei, musulmani, ortodossi, isole in cui sono arrivate le lingue infiammate, dono dello Spirito dopo la Pentecoste.

Sempre il vivere è un intrico inestricabile di conoscenze e dimenticanze, di fortune e sfortune, di follia e saggezza.

Raggiungere la libertà autentica significa accettare il disincanto.

Comprendere che non esiste unitarietà e neppure verità.

In questa raggiunta consapevolezza ci si svincola alfine da ogni credo e appartenenza.

Conquistare la libertà significa non essere più sottomessi a legami e vincoli.

Invincibile è colui che non può essere legato in catene.

San Pietro in Vincoli è una chiesa di Roma che conserva le catene con le quali era avvinto l'Apostolo Pietro, imprigionato a Gerusalemme per ordine del re Erode Agrippa nei giorni della Pasqua ebraica.

Nell'ultima notte che avrebbe dovuto passare in carcere, prima di essere giustiziato, gli apparve un Angelo che lo liberò dalle catene, intimandogli di alzarsi e seguirlo. Pietro, credendo fosse un sogno, gli obbedì e fu scortato dall'Angelo fuori dalle mura della prigione, dopo di che scomparve: l'Apostolo comprese di essere realmente libero e si recò presso la casa di Maria, (la madre di Giovanni-Marco) dove erano riuniti numerosi membri della nascente comunità cristiana. Gli aprì la porta una fanciulla chiamata Rhode (Rosa) che corse ad informare i presenti dell'arrivo di Pietro, ma non le credettero fino a quando non lo videro coi loro occhi.

Interessante è pensare che la liberazione di Pietro avvenga proprio nei giorni successivi alla Pasqua ebraica e che la fanciulla che gli apre porti un nome così significativo.

Non sono solo coincidenze, ma importanti corrispondenze simboliche, anche se col tempo s'impara a comprendere che ogni immagine è votata a disgregarsi in mille forme e contraddizioni.

Per questo non si può pretendere che il frammento abbia di per sé stesso valore assoluto, è solo una piccola favilla del principio ordinatore dell'universo.

Il viaggiatore, nel suo movimento perpetuo, aspira a trarre dal Caos il Cosmo, per ordinarlo secondo una sua personale interpretazione.

Il viaggiatore non è mai solo se lo anima lo scopo di raggiungere una meta, se sa di portare con sé tutte le immagini dei luoghi che ha attraversato, se è consapevole che al suo fianco vi sono dei compagni di viaggio invisibili.

Quando si giunge in una città si comprende che lo spazio e il sapere che la caratterizzano sono sempre cosmologici, ma per raggiungere questo genere di conoscenza bisogna procedere per gradi, passando di luogo in luogo, di stazione in stazione.

I pellegrini, procedendo verso la meta, devono progressivamente liberarsi dai loro ricordi, rimpianti, legami, nostalgie.

Ogni notte devono incubare i loro fantasmi, come avveniva per i malati nel tempio di Esculapio a Kos, fino a quando non si palesa loro il sogno assoluto, capace di liberarli, sciogliendoli dalle catene delle schiavitù.

Assoluto, Absolutus, sciolto, libero da ogni vincolo.

Straniero a tutto e al tempo stesso prossimo, contiguo.

Essere sempre e costantemente in divenire, senza mai finire di diventare.

Allontanarsi dai legami e dai cordami avvincenti con cortesia metafisica.

Essere votati al servizio di forze invisibili nel gran teatro dello Spirito.

Bisogna scegliere con cura i propri compagni di viaggio.

Vivere in un perenne stato di tensione spirituale, mantenere il proprio cuore intatto, libero da ogni smania di potere, di possesso, di controllo sugli altri.

Appellarsi all'Angelo.

MISTERI

"Colsi lo sguardo improvviso di un maestro morto
che avevo conosciuto, obliato, mezzo ricordato
e uno e molti"

T.S.Eliot da "Little Gidding"

Illumina, custodisci, reggi e governa me.
L'Arcistratega è colui che protegge il Cosmo.
Determinate risposte vanno ben oltre le nostre domande.
Chi è come Dio?

Dopo tanto girovagare, percorrendo per trent'anni tutte le contrade del mondo, Ibn Batuta ritorna in Marocco, muore a Marrakesh ed è sepolto a Tangeri, nella sua città natale.

Il più grande viaggiatore del Medioevo ritorna alle sue origini, lì da dove erano partiti tutti i suoi viaggi.

Se ci si addentra nel labirinto di viuzze caotiche e affascinanti della medina di questa città affacciata sullo stretto di Gibilterra, protesa in un anelito visionario verso l'Europa, si giunge, quasi senza accorgersene, davanti al suo mausoleo, dove si viene sopraffatti dalla commozione nel ricordo di questo coraggioso esploratore di mondi. Ora riposa qui, in un intricato gomitolo di vicoli, in un piccolo sacello dimenticato, nel cuore dell'antica Tangeri.

Andare lontano, disperdersi per il mondo, solo per poter tornare finalmente a Casa.

Satori a Tangeri.

L'ascesi dei mistici si svolge per gradi, per stazioni, per dimore. Ogni viaggio è una forma d'iniziazione, ma nessun viaggio mistico può avvenire senza una guida, una scorta, uno sceicco.

Maometto, nel suo viaggio notturno, è accompagnato dall'Arcangelo Gabriele e da Buraq, cavalcatura celeste dal volto di donna che rappresenta l'Amore divino e la cui velocità è ben superiore a quella della Luce.

Maometto ascende così attraverso i sette cieli grazie a Buraq, sua Guida e riferimento spirituale, come è stata Beatrice per Dante.

Anche l'Arcangelo Michele è una Guida per chi si avventura nei territori dell'Invisibile.

Michele è il Grande Principe, Michele salverà il mondo, Michele restaurerà gli equilibri sconvolti della terra.

Michele è il Taxiarchis.

Michele sa essere tremendo.

Michele guarisce.

Il suo ruolo è affine a quello esercitato da Esculapio, per il quale furono eretti templi a Kos e a Epidauro.

I malati che visitavano il tempio del Dio della Medicina e vi dormivano durante la notte, attendevano il sogno divino e liberatore che li avrebbe risanati.

Questa consuetudine, presente fin dall'antichità, viene praticata anche nei primi tempi del Cristianesimo. Si tratta della incubatio, che ne rappresenta la continuazione in veste cristiana.

I bizantini, come i copti, erano soliti dormire nel tempio dedicato all'arcangelo Michele. Il suo tempio era situato in una grotta e i suoi poteri taumaturgici erano connessi alle acque. Infatti, spesso i santuari dedicati a Michele si trovano in prossimità delle acque di laghi, di sorgenti o di mari.

A Symi il santuario dedicato all'Arcangelo viene eretto sulle rovine di un antico tempio di Apollo, a Panormitis.

Come Apollo diffonde la peste nell'accampamento dei Greci, così Michele ha il potere di far cessare le epidemie.

Un angelo chiamato Sosthenion era apparso agli Argonauti sullo stretto del Bosforo, a nord di Costantinopoli, dove si trovava un tempio a lui dedicato.

In seguito, Costantino ne interpretò l'alata figura come quella di un angelo cristiano, e trasformò il luogo di culto, dedicandolo a Michele, l'Arcistratega, che gli era comparso in sogno prima della battaglia contro Massenzio.

Michele è Arcangelo guerriero e taumaturgo.

Esculapio e Igea sono divinità guaritrici.

Conoscono la cura e il metodo.

Anche a Symi, l'isola dell'Arcangelo, si sogna molto e al mattino si chiede a un prete ortodosso di interpretare i propri sogni.

A volte appare l'Arcangelo che convoca.

Michele assume così il ruolo precedentemente ricoperto da Esculapio.

Michele cura con il tocco della mano, ma anche con l'olio delle lampade e la cera delle candele, che ardono davanti alla sua immagine.

Le piume delle sue ali bruciano come una pioggia incandescente di petali di rose.

A Trieste, notte di bora.

Mi sveglio sentendo un vento fortissimo che fa tremare le finestre.

Sento una Presenza nella stanza.

Mi affaccio al buio e dietro ai vetri vedo volare un angelo bianco che compie ampi giri sopra la città nel cielo notturno.
Una candida forma di luce che abbraccia nel suo volo ondeggiante i tetti delle case.
Qualche finestra è ancora accesa nell'oscurità.
Così discende lo Spirito, con rombo di terremoto.
Il giorno prima, visitando la chiesa della Beata Vergine del Soccorso, davanti ai Giardini Hortis, mi soffermo a osservare l'altare di Santa Lucia, davanti alla cui pala sono affiancati due angeli di pietra: uno di loro è Michele.

Sentire tremare i muri
E comprendere che le nostre piccole pene
Le nostre inquiete volontà
Sono nulla davanti alla profonda sapienza
Che accompagna il divenire del mondo

Quando ogni terra finirà
Di essere straziata dalla tracotanza umana
Che cerca di prevalere su quanto
Non gli è dato di dominare

Allora forse accetteremo di arrenderci
Al predominio del sacro
E ci inchineremo davanti
Al mistero divino
Di ogni essere
Gli Argonauti si presero in terre incognite.
Molti non rividero più i tetti delle loro case.

Avevano viaggiato così a lungo che dimenticarono la loro terra, le loro radici.

Divennero stranieri a sé stessi, sprofondarono nel buio di terre sconosciute.

Il loro destino rimase sospeso tra più mondi e dimensioni.

ROSA DI RODI, ROSA ALCHEMICA

"Non è per suonare a ritroso la campana/Né si tratta di un incantesimo/Per evocare lo spettro di una Rosa."

T.S. Eliot da "Little Gidding"

Rodi. Isola. Giardino.

Spazio meditativo, magico, arcano.

Luogo del ricordo, dell'attesa, del mistero.

Qui germinano simboli, miti, leggende.

Rodi è l'isola delle rose.

Rose la cui fragranza effonde le antiche memorie di quel Giardino fuori dal tempo e dallo spazio da cui siamo stati esiliati, il Paradiso Terrestre dell'infanzia e del sogno.

Eden è un Giardino circondato dalle Acque che delimitano l'antico Temenos, spazio sacro che insegna il limite.

Il Giardino talvolta si costituisce come Locus Amoenus a-moenus, privo di moenia, di mura che dei e uomini hanno sempre bisogno di costruire, per circoscrivere, isolare, facendolo divenire fortezza inaccessibile.

De- limitare.

Qui s'impara la separazione tra il dentro e il fuori.

A Rodi mura possenti circondano il Giardino.

Paraideza, il Paradiso è un Giardino recinto.

Il tempo del sogno e del ricordo si somigliano.

S'intrecciano desideri e speranze, parabole e simboli.

Dai giardini non ci si allontana impunemente, se non dopo aver trasgredito.

Si viene cacciati per essere andati oltre.

Rodi, l'isola delle rose.

Rosa: simbolo imperituro di bellezza e canto della caducità.

Dalla sua essenza si ricavano oli profumati.

Il suo profumo ha note agrumate e di erbe aromatiche.

Dalla rosa si ricavano farmaci e cosmetici.

La rosa è preziosa e irraggiungibile.

Rosa custodisce il segreto del desiderio e dell'eros.

Rosa è passione, simbolo vivente del molteplice.

Rosa è manifestazione del divino.

Il Fuoco divino ci consuma incessantemente.

Il cuore della rosa si espande, aprendosi verso l'esterno, allargando le sue corolle in forma concentrica.

Rosa è emanazione dell'Assoluto.

Rosa è campo di energia e creatività costanti, è indeterminata e indefinita, è eterna e infinita.

Rosa è Madre Cosmica.

La rosa compare come simbolo di bellezza e di fragranza in tutto il Medio Oriente e il Nord Africa. Adorna gli splendidi giardini andalusi delle città imperiali.

La Rosa è il fiore sacro ad Iside, Isthar, Afrodite, Venere, Maria.

Nell' "Asino d'oro" di Apuleio, Lucio, protagonista del primo romanzo iniziatico nella storia della letteratura, si trasforma in asino a causa di un sortilegio e riacquista forma umana soltanto mangiando una corona di rose vermiglie, offertagli dal Grande Sacerdote di Iside.

Talvolta Ecate si cinge con una corona di rose rosse dai cinque petali.

Il numero cinque segna l'inizio di un nuovo ciclo.

La Rosa è Alchemica.

La Rosa Bianca rappresenta l'Albedo, fase intermedia della Grande Opera.

La Rosa Rossa è la Rubedo, coronamento e realizzazione del processo alchemico.

Intorno alla Rosa volano le Api, che grazie al suo polline producono il Miele, il Melius.

La Rosa di Damasco è uno dei fiori più antichi per la sua bellezza e per le sue proprietà terapeutiche. Essa è originaria del Medio Oriente, ma viene coltivata anche in Marocco e in Bulgaria ed è stata portata in Francia nel Medioevo dai Cavalieri che parteciparono alle crociate.

SEMPER INQUIETUM EST MARE NOSTRUM

Phlebas il Fenicio, morto da quindici giorni,
Dimenticò il grido dei gabbiani, e il fondo gorgo del mare,
E il profitto e la perdita.
Una corrente sottomarina
gli spolpò le ossa in sussurri. Mentre affiorava e affondava
Passò attraverso gli stadi della maturità e della giovinezza
Procedendo nel vortice.
Gentile o Giudeo
O tu che giri la ruota e guardi sopravvento,
Considera Phlebas, che un tempo fu bello, e alto come te.

T.S. Eliot" La morte per acqua"

Le acque, nel mare della complessità, isolano e allontanano e ognuna di esse compare come una possibilità tra le tante, esprimendo una diversa condizione dell'essere.

Il *nefas* argonautico induce a perdersi nella vastità policentrica di isole-mondi accerchiati dalle acque.

Ogni isola si forma attraverso gli influssi di coloro che vi sono approdati, la sua storia è il prodotto di innumerevoli stratificazioni.

Tra isola e isola c'è l'abisso del mare e in questo abisso innumerevoli sono coloro che si perdono. Mostri molteplici abitano le acque dell'indistinto.

Per approdare a un'isola, per ritrovare sotto i piedi la stabilità di un suolo, bisogna a lungo lottare contro questi fantasmi, resistere strenuamente per non essere trascinati via da gorghi e correnti rapinose.

Chi sopra-vive ai flutti e alle tempeste non può che continuare la navigazione, muovendosi sempre verso altre dimensioni, isole e mondi alla deriva, le cui voci rammemoranti evocano le larve della storia.

Come il cuore, il mare: sempre inquieto e sempre teso verse nuove possibilità.

Per questo la navigazione spesso si fa perigliosa.

Perduti tra meandri d'acque e d'isole, sempre esposti alla possibilità del naufragio, gli Argonauti si aggirano come ritratti dell'Assenza, emergendo da subconsci arcaici in forma di mitologemi.

Così celebrano la loro appartenenza alla dimensione del simbolico.

Nel loro andare, vedono affiorare dalle acque statue antiche di bellezza immortale e corpi gonfi di annegati.

Nel loro andare rammemorante, aspirano sempre a veder comparire l'Isola agognata.

Eccola, è lei che riaffiora, prodiga di bellezza, come un continente scomparso.

A questa emersione fa da controcanto l'aspirazione che ogni isola ha di tornare a inabissarsi, sparire inghiottita dalle profondità dell'inconscio.

T.S.Eliot aveva scritto a lungo sul naufragio, ma Pound gli consigliò di tagliare gran parte della sua produzione, in quanto molti prima e meglio di lui avevano scritto di questo sprofondamento nelle acque del mare e della psiche.

Del suo lungo poema sul mare e sul naufragio di cui rimangono tracce nella *"Terra Desolata"*, mi restano impresse vividamente nella memoria due parti: quella in cui Eliot evoca l'immagine di Phlebas, il marinaio fenicio annegato morto da quindici giorni, dimentico del profitto e della perdita, e la splendida chiusa del *"Canto d'amore di Alfred Prufrock"*:

> *"Ho udito le sirene cantare l'una all'altra. /Non credo canteranno per me/le ho viste al largo cavalcare l'onde/Pettinare la candida chioma dell'onde risospinte:/quando il vento rigonfia l'acqua bianca e nera. /Nelle stanze del mare abbiam dormito/con le figlie del mare coronate il capo d'alghe rosse e brune/Poi le voci degli umani ci svegliano, e anneghiamo."*

Annegare significa tornare alla realtà, abbandonare l'epos con tutte le sue vorticose e avventurose possibilità.

Solo le creature del mare possono percorrerlo a loro piacimento. Le voci delle Sirene col loro canto sviano i naviganti trascinandoli in altre dimensioni, facendo loro superare la soglia che separa il Passato dal Presente, il mondo dei vivi da quello dei morti, ma spesso cantano solo per il piacere di farlo, solo per sé stesse. Noi non facciamo parte del loro mondo sottomarino.

Tremendo è il dialogo tra i vivi e i morti sulle onde del mare. Si tratta di un dialogo fatto di silenzi e di assenza, ma anche di misteri e di visioni.

L'inquietudine è una spinta
A compiere viaggi oscuri
E sempre più profondi
L'inquietudine è voce oscura
Che si espande alle nostre spalle

Inoltrandoci in luoghi pieni di mistero
Tra le scie luminose
Di apparizioni celesti ed infere
Dimentichiamo i radicamenti terrestri

Ogni perdita e commiato
Fa parte dell'esplorazione
Ogni incontro e conquista
Offre nuove possibilità

Non si governano le acque impunemente

T'incontrerò dall'altra parte
Del mare
Tu mi verrai incontro
Camminando sulle onde
Io ti seguirò

Anche se il mio cuore è duro
Come il pane vecchio
Si aprirà come una corolla
Per accoglierti

Ti vedrò bianco fantasma di luce

Angelo messaggero
Stella e respiro della notte
Armonizzeremo i nostri opposti
E ciò che è destinato a sparire
Ricomparirà.

L'Arcangelo Michele ci guida attraverso le ansie e i pericoli della vita con la stessa fermezza con cui guida i marinai dispersi sulle acque.
È stato Michele ad atterrare al porto di Panormitis per chiedere che fosse costruito per lui un santuario sulle rovine del tempio di Apollo.

LINGUE DI FUOCO

"E tutto sarà bene e/Ogni genere di cosa sarà bene/Quando le lingue di fiamma sono in sé avvolte/Nel nodo incoronato di fuoco/E il fuoco e la rosa sono tutt'uno."

T.S.Eliot da "Little Gidding"

C'è un quadro indimenticabile, che ho visto alla Kunsthistorisches di Vienna.

Mi riferisco a *"I tre filosofi"* di Giorgione (1506-1508)

In esso compaiono, raggruppati nella metà destra del dipinto, tre enigmatici personaggi: due in piedi e uno seduto.

A sinistra della tela appare un'oscura rupe, che evoca atmosfere leonardesche.

Al centro, tra la quinta rocciosa e vegetale, dietro alle tre figure, compare un paesaggio lontano, dove il sole è appena tramontato tra colline azzurrate avvolte nella foschia.

Sull'interpretazione delle tre misteriose figure si è scatenata una ridda d'interpretazioni.

Ne riassumo brevemente alcune.

I tre uomini sono stati identificati dalle fonti antiche come astronomi o matematici, in seguito, dalla critica moderna, come possibile rappresentazione dei re Magi. Essi sono effigiati in tre pose diverse: di profilo, di fronte e di tre quarti. Sono diversi per età, condizione e provenienza.

Probabilmente rappresentano anche le tre età dell'uomo (giovinezza, maturità e vecchiaia).

Indossano vesti dai colori differenti, che assumono una

connotazione alchemica, e illustrano le tre fasi dell'Opus: Nigredo, Albedo e Rubedo.

Il più giovane è tutto proteso a osservare i fenomeni del mondo che lo circonda, il secondo è intento a riflettere ed elaborare le conoscenze che ha acquisito, mentre il terzo, il vecchio, indica il cartiglio che regge in mano, al fine di trasmettere il suo bagaglio di conoscenze.

In realtà, l'opera di Giorgione, pittore ossessionato dal Tempo, nel suo valore iconografico, offre a chi la guarda infinite possibilità interpretative: ognuno scelga quelle che reputa più significative per sé.

Domenica 28 Maggio 2023
Giorno di Pentecoste

Oggi nella basilica di Santa Giustina a Padova si celebra la discesa dello Spirito Santo, sotto forma di lingue di fuoco, sul capo degli Apostoli.

Dalla cupola scenderà una pioggia di rose che irrorerà i presenti con la forza vivificante dello Spirito.

Ma prima di partecipare a questa cerimonia preziosa e antichissima, ho intenzione di visitare il roseto di Santa Giustina che si trova a ridosso degli antichi bastioni cinquecenteschi della città.

Mi era accaduto di visitarlo alcuni anni fa insieme a Enza, una mia cara amica, finissima conoscitrice delle piante e in particolare delle rose, che organizza visite guidate in questo luogo straordinario, illustrando i pregi e le proprietà di ogni pianta.

Questa mattina mi risveglio con nella mente il nome di una

rosa particolare che ho visto proprio lì: *"Cuisse de nimphe émue"*, "Coscia di ninfa vergognosa".

Un nome sensuale, tenero e sfuggente.

Calamitata da una forza magnetica che mi convoca, mi dirigo a passo spedito in direzione del roseto, con il desiderio di immergermi nello splendore della fioritura delle rose di maggio, proprio nel giorno in cui vedrò volteggiare e scendere sui fedeli una pioggia di petali di rose nella Basilica di Santa Giustina.

Giungo davanti ai cancelli e sento, prima ancora di entrare, la voce di Enza che illustra a una comitiva proprio la rosa il cui nome ha accompagnato il mio risveglio e ne pronuncia il nome: *"Cuisse de nimphe emue"*. Per una bizzarra coincidenza è impegnata proprio in questo momento in una visita guidata al roseto di Santa Giustina e non potevo saperlo, dal momento che è da un po' di tempo che non ci sentiamo.

Mai sincronicità fu più evidente e coincidente.

Le vado incontro tra le rose, alcune in piena fioritura, altre già sfatte per la stagione avanzata, ci salutiamo ed è un incontro fuori dal tempo e dallo spazio. Ma chi avrei potuto incontrare in quel giardino straripante di splendore, se non lei? Non mi trattengo, per non disturbarla nella sua affascinante descrizione dei vari tipi di rose, tutte dai nomi fortemente evocativi e seducenti, la incontrerò più tardi, nel pomeriggio, per raccontarle questa concomitanza incredibile. Dopo aver ammirato le rose sfolgoranti di gloria, mi dirigo verso la Basilica, dove alle 11 avrà luogo la celebrazione della Pentecoste.

La chiesa di Santa Giustina si affaccia sul Prato della Valle, una delle più grandi piazze d'Europa; è enorme (tra le più grandi della cristianità) e sorge sul luogo della sepoltura di Santa Giustina, martirizzata nel 304. La sua facciata è incompiuta e le sue pareti ruvide, che si aprono su un grande rosone e alcune aperture più piccole, contengono quattro nicchie vuote. Davanti all'ingresso vi sono due grifoni in marmo di Verona, posti come custodi ai lati della scalinata.

Entro e, in attesa dell'inizio della Messa che celebra la Pentecoste, percepisco l'atmosfera pregna di attesa e profonda spiritualità.

Tra la folla dei fedeli vedo Renato, un mio amico nato a Venezia che vive a Padova, raffinato studioso di storia di spiritualità orientale e autore di numerosi saggi sull'esicasmo, sul Monte Athos, sulla storia delle reliquie, l'agiografia e la storia civile e religiosa di Venezia. È venuto per partecipare alla cerimonia del *Rhodismos*. Sapevo che l'avrei incontrato in questa occasione, sempre in virtù della legge di sincronicità che oggi pervade tutta la giornata, rendendola particolare.

In fondo, ogni cosa scaturisce da un'altra, in un susseguirsi di misteriose e fatali concomitanze e corrispondenze.

A noi non resta altro che abbandonarci a questa corrente rammemorante.

Il tempo è ellittico e noi ruotiamo nella sua orbita.

Mentre i canti liturgici evocano la Discesa dello Spirito, una pioggia di petali di rosa comincia a volteggiare cadendo dall'alto della cupola, al pari di lingue di fuoco, prima lentamente, poi sempre più fitta.

Mentre mi lascio sommergere da questa meraviglia, mi passano davanti agli occhi della mente un susseguirsi di alcune esperienze luminose e salvifiche, altre più oscure e meno gloriose.

Cinquanta giorni sono stati l'arco di tempo in cui ha preso forma di scrittura questa riflessione sulla forza vivificante dell'esperienza e sulle occasioni perdute della storia, sulle sue ingannevoli costruzioni di miti e di eroi, sui cataclismi che fanno precipitare i colossi dai loro piedestalli e sul continuo perdersi dei naviganti in mare, del loro naufragare su isole che non sempre offrono accoglienza e riparo.

Vi sono lingue che attraversano l'indicibile e riescono a comunicarlo poiché sono in grado di riconoscere la sacralità del mistero, altre invece che pronunciano parole destinate a restare mute.

Ci sono epifanie di luce e di rose nelle notti oscure dell'anima, che avvengono dentro e fuori di noi.

C'è chi ha conosciuto e chi ha dimenticato.

C'è chi ha desiderato e chi ha sperimentato.

C'è chi coltiva rarefazioni e chi si rarefà.

Arrivano momenti in cui se non sei contro o per qualcosa, ti accusano di essere connivente e consenziente.

Arrivano momenti in cui l'idea di dover portare tutto il peso del mondo ti annoia e preferisci diventare invisibile, impalpabile, imponderabile e camminare sconosciuta nelle prime luci dell'alba senza dover esprimere giudizi, accuse o discolpe.

La storia è un racconto distorto, ricco di omissioni e di falsificazioni.

Quanti si confusero negli oscuri meandri del mare!

Diventando nulla, sono stati dimenticati e cancellati.

Le ferite e gli strappi inferti dagli eventi rimangono e anche quando sono ricuciti, mantengono la lacerazione in evidenza.

La cicatrice torna fresca ferita e spurga anche a distanza di tempo.

Gem era il figlio secondogenito di Maometto il Conquistatore.
Entrò in contrasto con il fratello Bayazid per la successione del trono ottomano e per questo condusse l'impero alla guerra civile.
Divenne pedina e ostaggio nei giochi politici dei Cavalieri di Rodi, isola dove si rifugiò cercando protezione.
A Rodi, la sua condizione, caratterizzata inizialmente da una splendida e regale ospitalità, divenne via via sempre più precaria e disagiata, trasformandosi in esilio e prigionia e tutto ciò lo fece precipitare in una profonda malinconia.
Morì suicida a trentasei anni, quando si rese conto di non essere più un ospite, bensì un prigioniero nelle mani del Gran Maestro, anche se in passato questo lo aveva aiutato e sostenuto.

Il mio Maestro mezzo ricordato, mezzo dimenticato, mi parlava della difficile necessità di avventurarsi nell'indistinto, di infuturarsi in mondi sconosciuti, di progettare imprese impossibili.
Mi diceva che Rodi è l'isola utopica delle convivenze e delle molteplicità, roccaforte e baluardo di differenti fedi e tradizioni.
Affermava che Rodi è la Pentecoste vivente della pluralità attraversata dalla forza profetica del Vento-*Anemos*.
Sosteneva che Rodi, nella sua ricca e complessa molteplicità, ricordava la Toledo medievale di Alonso X El Sabio, re

sapiente e generoso, geniale astronomo e raffinato poeta di lingua galiziana.

Anche a Toledo convivevano pacificamente Ebrei, Musulmani e Cristiani.

Il mio Maestro dichiarava che praticare gli antichi saperi non è da tutti, prima bisogna cancellare il proprio ego per immergersi nella Nube della non - Conoscenza.

Solo così si potrà udire squillare la tromba del Risveglio e a ogni cosa verrà restituito il suo splendore.

Diceva che è necessario farsi opere viventi e che per ogni scintilla di consapevolezza sono richiesti una purezza assoluta di visione e un intento inflessibile.

Mi raccontava molte altre cose che per lo più ho dimenticato, ma la cui eco risuona ancora dentro me.

Forse la Rosa è emanazione di un Angelo e rispecchiandoci in lei diveniamo noi stessi creature di luce sussistente in sé stessa.

Ma oggi, come ieri, è il tempo di Ares, un tempo feroce e divisivo in cui operano le contrapposizioni e le dicotomie.

La *hybris* che domina chi naviga sulle acque si manifesta in forma di *thalassocrazia* e l'arte di governare sulle acque richiede spietatezza.

Eppure, esercitare l'autentica compassione è l'unico modo per abbracciare l'Altrove ed essere tratti fuori da noi stessi.

Accogliamo dunque questa pioggia di petali di rosa e dimentichiamo le contrapposizioni per incominciare autenticamente a vivere.

Il roseto sulle antiche mura
Accoglie rose dai nomi meravigliosi
Una pioggia calda e umida di petali
Cade sui prati erbosi di un maggio
Che ormai volge al termine

Soffio trasfigurante e infuocato
Tocca e feconda quanto
Abita in noi

Sole sempre nuovo
Illumina
Il vecchio teatro
Del mondo

Fiamma inesauribile
Perenne sgorgare
Del mistero
Parola pronunciata
E sempre vera

Vento possente
Fuoco fervido
Che spinge
Sempre avanti
Rinnovando la Terra

La Luce si espande
Con la sua vampa infuocata
Fino a quando esausta

Non ricomincia
A affievolirsi e
A estinguersi
Per poi risorgere

APPENDICE

RHODISMOS A VENEZIA

di **Renato D'Antiga**[1]

Anche a Venezia ai tempi della Repubblica si ricordano dei momenti liturgici in cui si praticava il *rhodismòs,* la cui origine va ricercata negli influssi bizantini esercitati sulla città, sia per le sue origini che per i continui contatti che ebbe con i territori greci del Levante.

Un esempio può essere tratto dalla liturgia marciana del 24 giugno, festività del ritrovamento del corpo di san Marco, quando al termine dei primi vespri si spargeva acqua profumata di rose sui fedeli raccolti in basilica. Tale festa era popolarmente detta "San Marco dall'acqua rosa". Un altro esempio di *rhodismòs* è quello praticato il giorno del martirio dell'evangelista il 25 aprile: in tale ricorrenza è usanza, ancor oggi, donare una rosa rossa da parte dell'uomo alla donna di famiglia a cui si è maggiormente legati, non necessariamente alla *morosa*. Tale festa era chiamata "San Marco dei bòcoli". Anche se tale usanza non è di tradizione bizantina, essa è molto radicata nel popolo veneziano e potrebbe essere collegata alla tradizione agiografica che vuole che dal sangue sparso da san Marco nel suo martirio siano sbocciate delle rose rosse.

Un caso interessante di *rhodismòs* è quello che si svolgeva in onore di sant'Atanasio di Alessandria per la sua festività, il giorno 2 maggio: dopo i vespri solenni veniva distribuita a ciascuno dei fedeli una candelina. Essi, su disposizione testamentaria, del 1662 circa, dell'avvocato Tommaso Flangini, benefattore della confraternita greca, si recavano il 12 dello stesso mese alla Giudecca, nel cenobio delle monache benedettine della Santa Croce, per assistere davanti alla reliquia del santo, ai solenni vespri, al termine dei quali le monache distribuivano ai presenti mazzetti di rose.

Anche il giorno 27 luglio, festa di san Pantalon (Pantaleone), nella chiesa urbana intitolata al santo medico si spargevano rose sui fedeli.

Bibliografia: A. Niero, "Influssi veneto-bizantini nella devozione popolare veneziana", in *I Greci a Venezia,* a cura di M. F. Tiepolo e E. Tonetti, Venezia 2002; R. D'Antiga, *Guida alla Venezia bizantina,* Padova 2005; F. Corner, *Notizie storiche delle chiese e dei monasteri di Venezia e di Torcello,* Padova 1758.

ROSETO SANTA GIUSTINA. IL PAESE DELLE MERAVIGLIE

di Enza Torrenti[2]

Introduzione

Quello delle rose è un mondo meraviglioso, immenso e ricchissimo di significati. E qui al roseto Santa Giustina se ne può cogliere già una prima, incantevole immagine, che ci permette di apprezzarne la straordinaria bellezza e importanza.

Il roseto è situato sull'omonimo bastione che fa parte delle antiche mura cinquecentesche della città di Padova, volute dalla Repubblica di Venezia per difendere la città.

Il luogo, pur essendo a due passi dal centrale Prato della Valle, accoglie il visitatore con un'atmosfera quieta e fuori dal tempo, perfetta per consentire di apprezzare in ogni sfumatura quello che la regina dei fiori desidera mostrarci.

Il suo è un regno lungo come la storia dell'uomo e le sue testimonianze si possono trovare ovunque: nei bassorilievi egizi come nelle tele del Cinquecento europeo, nei versi di Shakespeare come negli ingredienti in un profumo. La sua importanza è da ricercarsi, oltre che nella sua innegabile bellezza, anche nella ricchezza dei significati che le sono stati attribuiti e che coprono un'area simbolica che va dal sacro al profano, passando attraverso infinite sfumature. Questa complessità di significati simbolici nasce dal fatto che nei tempi più antichi la rosa era legata alla figura della Dea Madre, la divinità che racchiudeva in sé la rappresentazione della natura nella pienezza di ogni sua manifestazione, sia

positiva che negativa. Una dei molti volti della Dea Madre è per esempio quello di Iside e in un Inno a lei dedicato del III-IV secolo a. C. rinvenuto a Nag Hammadi in Egitto si trova scritto:

"Perché io sono colei che è prima e ultima,
Io sono colei che è venerata e disprezzata,
Io sono colei che è prostituta e santa,
Io sono sposa e vergine,
Io sono madre e figlia..."

In questi versi si sottolinea l'ambivalenza della figura di Iside e di conseguenza la rosa, il fiore a lei dedicato, ne assume le medesime caratteristiche.

Anche nella cultura greca la rosa era legata ad Afrodite che, come afferma Socrate, presentava la medesima duplicità, poiché esisteva sia la pura Afrodite Celeste o Urania, sia l'Afrodite terrena o Pandemìa.

Nel corso del tempo questa unione di significati sacri e profani in una stessa entità viene a perdersi e le varie divinità assumono connotati negativi o positivi ben distinti. Di conseguenza, anche la rosa cominciò a essere identificata come simbolo sacro o profano, a seconda del pensiero della cultura dominante, mantenendo però sempre più o meno latente anche l'altro. I romani, che amarono in modo appassionato le rose tanto da costruire serre calde per averle a disposizione tutto l'anno, le utilizzarono sia nelle cerimonie sacre, sia in eventi profani e si dice che Nerone facesse cadere dal soffitto della Domus Aurea una pioggia di petali sui suoi ospiti durante i banchetti.

I primi cristiani, che posero inizialmente una sorta di ostracismo nei confronti della rosa, simbolo per loro della

lussuria e del paganesimo romano, in seguito recuperarono pienamente l'utilizzo del fiore investendolo di significati sacri. La pioggia di petali della Domus Aurea neroniana si trasferì nella liturgia cristiana, arrivando a rappresentare la discesa dello Spirito Santo sugli Apostoli durante la messa nel giorno della Pentecoste. Nel Medioevo la rosa fu simbolo sacro nella Divina Commedia: nel XXXI del Paradiso Dante parla della candida rosa dei Beati al cui centro c'è Maria. La Madonna, inoltre, nella liturgia cattolica è definita addirittura Rosa Mystica e San Bernardo di Chiaravalle la paragona a una rosa bianca per la sua purezza e rossa per la sua carità. Sempre durante il Medioevo la rosa fu però anche simbolo profano nel poema allegorico *"Le roman de la rose"*, in cui rappresentò l'amore nella sua veste più terrena e sensuale. Dal Rinascimento in poi si rafforzò il legame tra la donna e la rosa sul versante profano. Basterebbe pensare ai versi di Poliziano, di Lorenzo de Medici, di Ariosto, di Shakespeare, di Giambattista Marino, di Foscolo...

Nell'Ottocento questo legame si esprime in rappresentazioni della rosa edulcorate dalla Florigrafia, ossia dal linguaggio attribuito ai fiori, che conobbe un enorme successo soprattutto in epoca vittoriana e in cui la rosa rappresenta l'amore nella sua lettura più superficiale. Accanto a questa lettura intorno alla rosa nell'Ottocento se ne sviluppò una legata a una visione oscura e cupa, come quella della rosa malata cantata da William Blake o quella nata tra *"Les fleurs du mal"* di Baudelaire, simbolo del vizio e del lato oscuro della vita.

Oggi la cultura consumistica privilegia della rosa l'aspetto più commerciale, mettendo in secondo piano l'immensità del suo

passato. Sembrano dimenticate le figure mitologiche a cui è stata legata, i pittori che l'hanno rappresentata, i poeti che l'hanno cantata, le fiabe che l'hanno raccontata... In fondo, però tutto questo rimane in latenza, perché il passato della rosa ha una tale forza simbolica universale da non poter essere completamente rimosso.

Inoltre la bellezza, il profumo e l'infinita varietà delle sue forme rendono impossibile non lasciarsi incantare e per rendersene conto basta guardare gli oltre centocinquanta esemplari di rose presenti al roseto Santa Giustina, che ora è venuto il momento di scoprire insieme.

Struttura del roseto

I percorsi principali in cui si struttura il roseto sono due: quello storico, che segue l'evoluzione botanica del fiore dai tempi più antichi ai giorni nostri e quello sensoriale che mette in rapporto le rose con i nostri sensi.

Per introdurre il percorso storico è necessaria una premessa. Essendo questo fiore presente in ogni luogo della Terra, nel roseto Santa Giustina, per limitare la vastità dell'argomento, si è scelto di presentare la sua evoluzione botanica tenendo come riferimento geografico l'Europa.

Nel nostro continente dai tempi più antichi fino al Settecento non esisteva la rifiorenza, cioè la capacità delle piante di fiorire più volte durante l'anno e i colori delle rose erano limitati a una gamma che andava dal bianco al violaceo, senza il colore giallo e rosso vermiglio. Fu solo l'arrivo delle rose Cinesi nel Settecento ad arricchire le rose presenti sul nostro territorio di queste due importanti caratteristiche.

Percorso storico

Il percorso storico comincia con le rose antiche non rifiorenti e in particolare quelle botaniche, le più antiche tra le rose antiche che sono presenti da sempre in natura perché in grado di riprodursi da sole senza l'intervento dell'uomo. Per questo hanno tra l'altro il fiore semplice, formato da soli cinque petali per consentire agli impollinatori di individuare immediatamente l'apparato riproduttivo, che è sempre in perfetta evidenza e consentire alla pianta di riprodursi con facilità. Le rose botaniche non sono rifiorenti e hanno dimensioni delle piante molto diverse, da quelle più contenute della R. *moschata* a quelle gigantesche della R. *felipes. Si* contraddistinguono per avere spesso delle foglie piuttosto piccole e presentare in autunno dei cinorrodi, il nome scientifico delle bacche, straordinariamente belli e decorativi, dalle forme e dimensioni diversissime secondo la varietà: simili a ricci di castagna, come nella R. *roxburgii plena,* dalla forma allungata simile a una piccola lanterna nella R. *pendulina* endemica delle nostre montagne, o nere come mirtilli ne la "Single Cherry".

Dopo le rose botaniche seguono nel roseto i gruppi delle rose antiche non rifiorenti. I cespugli hanno in genere un aspetto morbido ed elegante e rami coperti di spine piccole e fitte. I boccioli sono di forma tondeggiante e si aprono in corolle dalle forme globose, ricche di petali rispetto a quelle botaniche e molto profumate. Fioriscono una sola volta l'anno, in primavera, ma quando lo fanno hanno una generosità e una magnificenza tali da lasciare senza fiato.

Queste rose sono rappresentate nel roseto dalle R. *gallica,* R.

centifolia e R. *damascena*. Tra le prime si segnala per importanza la R. *gallica officinalis,* coltivata nel Medioevo dai monaci delle grandi abbazie perché utilizzata nella farmacopea del tempo per le proprietà astringenti e antinfiammatorie, oltre che per sua bellezza e il suo profumo. Il gruppo delle R. *centifolia*, create da giardinieri olandesi nel XVI secolo e rappresentate nelle sontuose nature morte fiamminghe di quel periodo, si caratterizzano per la ricchezza dei petali che ha portato gli inglesi a chiamarle *cabbage rose*. Sono presenti nel roseto nella varietà muscosa, così chiamata per un tomento balsamico simile a muschio che ricopre i sepali del fiore.

Per chiudere il gruppo delle rose antiche non rifiorenti c'è la rosa *damascena*, la più profumata che si conosca, utilizzata nell'industria cosmetica per ricavare l'essenza di rosa. Il profumo della *rosa damascena* è inebriante e destinato a rappresentare nella memoria di chi almeno una volta in vita sua l'abbia sentito, il vero e ineffabile profumo di ogni rosa.

A questo punto lasciamo le rose antiche non rifiorenti per trovare le rose che portarono in Europa una vera e propria rivoluzione: le rose Cinesi. Arrivate intorno alla metà del Settecento, introdussero la rifiorenza e i colori giallo e rosso vermiglio. Nel roseto è presente la rosa cinese "Old blush", probabilmente la prima a essere arrivata in Europa, e che grazie alla sua estrema adattabilità, fu utilizzata per essere incrociata con rose antiche non rifiorenti europee, portando alla creazione anche da noi di cespugli dalle caratteristiche ancora tipiche delle rose antiche, ma che cominciarono ad essere rifiorenti. Rose antiche rifiorenti presenti nel roseto sono le Portland, le Bourbon e gli Ibridi perenni. Le rose

Bourbon furono tra le più amate dalle nobildonne dell'Ottocento, tanto che nei cataloghi dell'epoca si trovavano oltre 2.500 varietà, oggi quasi tutte scomparse. Rimane tra le altre, e qui è coltivata, la "Variegata di Bologna" la cui corolla ricorda, citando la definizione di Vita Sackville West, una coppa di panna e fragole che un bambino si è divertito a mescolare insieme. Gli Ibridi perpetui sono rappresentati dalla rosa "Paul Neyron", dalla corolla simile a quella di una peonia e di una tonalità luminosa carminio pallido, talmente bella da definire col suo nome quel particolare colore.

Lasciamo ora le rose antiche per entrare nel mondo di quelle moderne. È il 1867 quando nasce nei vivai Guillot nel Sud della Francia "La France", considerata come il punto di partenza delle rose moderne. È un Ibrido Thé, una rosa creata dall'incrocio tra una rosa cinese Tea e probabilmente un Ibrido perenne. Da quel momento le rose ebbero come obiettivo soprattutto la rifiorenza, a cui si accompagnò un vertiginoso allargarsi dei colori delle corolle, grazie all'arrivo dalla Cina di rose dai colori rosso vermiglio e giallo. La ricerca di una rifiorenza continua da parte degli ibridatori da una parte fu un elemento ovviamente positivo, ma portò alcuni cambiamenti alla forma dei cespugli, che cominciarono ad assumere un aspetto sempre più rigido e meno aggraziato, dalle foglie piuttosto grandi. I fiori, spesso privi di profumo, presentano boccioli appuntiti e uno sviluppo della corolla a elica dalla forma perfetta. Gli Ibridi Thé, che hanno dominato i giardini europei dei Novecento soprattutto in Italia, sono rosai adatti a essere sistemati soprattutto in secondo piano in giardino ed essere utilizzati per i fiori recisi, visto che i cespugli non sono particolarmente eleganti. Una volta questo tipo di piante veniva coltivato negli orti accanto a gladioli, dalie, zinnie o astri, per avere a disposizione fiori freschi da mettere in casa senza rovinare l'estetica del giardino.

Le rose Cinesi di diverse specie arrivate in Europa dal Settecento in poi furono utilizzate come base per crearne delle nuove, consentendo di far nascere rose moderne diverse dagli Ibridi Thé, come per esempio le rose Ibride Moschate Pemberton che, pur annoverandosi tra le rose moderne, presentano un cespuglio dallo sviluppo a fontana estremamente coreografico ed elegante, avendo come madre la cinese R. *multiflora*, una botanica dai lunghi rami flessuosi, base di molte e bellissime rose sarmentose. O le R. *rugosa*, nate da esemplari arrivati dal Giappone agli inizi dell'Ottocento, che hanno dato vita a un gruppo di rose amanti dei terreni poveri; hanno fiori profumati e si distinguono per cinorrodi appariscenti, simili a piccole meline rosse che risaltano in modo spettacolare sulle tonalità gialle del fogliame autunnale del rosaio.

L'ultima fase dell'evoluzione botanica delle rose è rappresentata nel roseto dalle Nuove Rose Inglesi, in cui si è cercato di ottenere un rosaio che combinasse il meglio delle rose antiche, e cioè l'eleganza del cespuglio, la presenza delle bacche e il profumo dei fiori, con il meglio delle rose moderne e cioè la capacità di fiorire con continuità e la straordinaria varietà dei colori possibili. Le corolle di queste rose riprendono spesso la forma globosa delle rose antiche e tentano di riprodurre anche il loro profumo. Due esemplari di Nuove rose inglesi di David Austin, il floricultore che per primo ha intrapreso questa strada, indicano nel roseto i primi risultati raggiunti su questa che può essere considerata l'ultima tappa dell'evoluzione botanica della rosa. C'è solo da aggiungere che questo percorso storico è ovviamente sintetico e non tiene conto, per questioni di spazio, delle infinite sfumature che il mondo delle rose può offrire, ma è impossibile per chi vi si accosta non considerarlo solo come un primo, importante punto di partenza.

Percorso sensoriale

«Era un piccolo fiore di rosa
tondo come una sfera fatata
che timido schiuse i petali
celati nella veste muschiosa,
ma dolce e speziato era il profumo
tenue esalato dal suo invisibile cuore».

In questa poesia, come ci fa notare Simon Morley a pagina 154 nel suo recente libro *"Non solo rose"*, edito da Solferino, Emily Bronte parla della rosa coinvolgendo quattro dei nostri sensi. La vista: *"tondo come una sfera fatata"*, l'olfatto e il gusto riuniti insieme: *"Dolce e speziato era il profumo/tenue"*, il tatto: *"veste muschiosa"*. Manca l'udito e sembrerebbe non essere possibile includerlo in questo delizioso elenco, eppure la rosa ci consegna già una prima immagine di sé attraverso i suoni di molti dei suoi nomi.

"Cosa c'è in un nome? Ciò che chiamiamo con il
nome di rosa cesserebbe di avere il suo profumo se la
chiamassimo con un altro nome?"
(Giulietta e Romeo, atto II, scena II)

Certamente Giulietta ha ragione, anche se la sua motivazione è quella di togliere il veleno che intossica i nomi dei Capuleti e dei Montecchi. Eppure, un nome ha la sua importanza e sicuramente spesso arriva a evocare il profumo, il colore e la grazia delle rose che rappresenta. Leggendo i cataloghi di rose del passato o dei nostri giorni, i nomi sono come le copertine di un libro che anticipano in qualche modo quello che ci aspetta quando cominceremo a leggerli. Blanchefleur, Reine des violettes, Souvenir de la Malmaison, Boule de neige, Ispahan. Attraverso l'impalpabile mondo dei suoni si formano nel nostro pensiero, ancor prima di vederle, le immagini di queste meravigliose rose. Qui al roseto abbiamo per esempio la *rosa eglanteria,* dal nome dolce come quello di una delle nove Muse, la *rosa pteracanta,* dal nome arcigno come le sue gigantesche spine, la *rosa pimpinella,* dal nome deliziosamente allegro come le sue piccole foglie, la *"Queen of the musk"* che sembra evocare il giardino di Kensington popolato di elfi e fate, la *rosa alba, "Cuisse de nimphe émue"* che con il colore incantevole dei suoi petali ci lascia immaginare l'incarnato di porcellana della ninfa mentre fugge a nascondersi in un bosco per non lasciarsi catturare.

Ma lasciamo il senso dell'udito e andiamo al tatto, che nelle rose ci parla delle sue spine, del tomento simile a muschio che circonda i fiori delle *rosa centifolia muscosa o* della consistenza sericea dei petali della *rosa sericea pteracanta.*

Passando al senso dell'olfatto si può ricordare Shakespeare, che a proposito dei profumi delle rose nel sonetto 54 scrive:

> *"Bella la rosa appare, ma più bella si tiene*
> *per quel dolce profumo che a lei dentro vive"*

È un profumo che, soprattutto nelle rose antiche, è seducente come nessun altro. Nelle *rose damascene* ricorda le notti d'Oriente e i racconti di Sharahzad, in *"Giuda l'oscuro"* di David Austin ha un bouquet sontuosamente fruttato, nelle rose Ibridi di Moschata del reverendo inglese Pemberton con le sue note discrete ricorda le fanciulle vittoriane di cui queste rose portano i nomi: Felicia, Cornelia, Vanity... Tutte, per inciso, nipoti o sorelle del reverendo stesso.

C'è poi ancora da ricordare la *rosa eglanteria,* in cui sono le foglie ad avere una fragranza straordinaria, dai sentori di mela verde.

Per quello che riguarda il gusto, la rosa ha fiori e bacche perfettamente edibili, ovviamente se non trattati con prodotti chimici, di cui è possibile utilizzare sia i petali che i cinorrodi. Con i primi si possono fare risotti e ripieni di ravioli o deliziosi pasticcini utilizzando i petali caramellati. Con i cinorrodi, che contengono molta più vitamina C di qualsiasi agrume, si preparano marmellate e gelatine.

Nel percorso sensoriale, infine, la vista si delizia con le infinite sfumature di colore presenti soprattutto nelle rose moderne: una tavolozza per tutti i gusti, dai bianchi optical ai rosa argentati, dai rossi quasi fluo, ai misteriosi violacei. Qui al roseto vi è una rosa creata dalla grande famiglia di ibridatori Meilland, i cui i petali sembrano pennellati a mano uno ad uno. Ma se le rose moderne sono insuperabili per la varietà dei loro colori, le rose antiche hanno una grazia che le rende difficili da dimenticare. Basta guardare la piccola corolla della *rosa alba* "Felicité Parmentier", per rendersi conto e perdersi nelle sue sfumature di colore, che vanno dal bianco madreperlaceo al rosa appena accennato o ammirare

il cupo rosso vellutato della *rosa gallica* "Tuscany".
Ora il viaggio nel roseto è finito, ma può continuare quello nel mondo della rosa, all'infinito per ognuno di noi, perché, come dice il poeta Rainer Maria Rilke:

> *Una rosa da sola è tutte*
> *e proprio quella: la perfetta,*
> *insostituibile, tenera parola*
> *scritta nel libro delle cose.*
>
> *Come diremmo senza di lei*
> *le speranze trascorse,*
> *e i teneri intervalli*
> *nella continua partenza*

Elogio della rosa a cura di Carla Penna, Einaudi, Torino, 2002, p. 111

[1] **Renato D'Antiga**, nato a Venezia, si occupa di storia della spiritualità orientale ed è autore di saggi sull'esicasmo e sul Monte Athos. Ha inoltre studiato e pubblicato saggi sulle antichità ecclesiastiche, l'agiografia e la storia civile e religiosa di Venezia.

Ha scritto numerosi articoli di carattere culturale e scientifico. Fra i suoi libri ricordiamo: Gregorio Palamas, Difesa dei santi esicasti, Padova 1989; Gregorio Palamas e l'esicasmo, Milano 1992; Simeone il Nuovo Teologo, La visione della luce, Padova 1992; L'icona nella Chiesa Ortodossa, Padova 1994; Lotario di Segni (Innocenzo III), Il disprezzo del mondo, Parma 1994; L'esicasmo russo, Milano 1996; Luci dal Monte Athos, Padova 2004; Storia e spiritualità del Monte Athos, Padova 2007; Venezia, il porto dei santi Padova 2008; Venezia e l'Islam. Santi e infedeli, Padova 2010; Il deserto e l'occidente, Padova 2010 La Venezia nascente. Santi, religione, potere, Padova 2012; San Marco, un santo di stato Padova 2016, I Padri della Filocalia, Reggio Emilia 2022; in corso si stampa La ricerca dell'Eterno. Spiritualità e cultura monastica, Reggio Emilia. (previsto per il tardo autunno)

[2] **Enza Torrenti**, dopo gli studi umanistici ha lavorato per anni nel settore della comunicazione pubblicitaria. La sua passione per i giardini, i fiori e il mondo del verde in generale l'ha portata poi a creare insieme a un gruppo di appassionati l'associazione culturale Il giardino segreto, oggi C.O.S.E. In comuna, che si occupa di promuovere il verde del territorio

padovano, proponendo conferenze e attività culturali legate ai temi del verde. In particolare l'associazione si dedica per conto del Comune di Padova alla promozione del roseto Santa Giustina, di cui ha realizzato tra l'altro la comunicazione e di cui cura ormai da molti anni le visite guidate.

Enza Torrenti ha scritto il libro "Rose d'autunno tra notazioni botaniche e citazioni d'autore" e un manuale illustrato su "La potatura delle rose". Sta inoltre raccogliendo per una pubblicazione alcune conversazioni tenute durante il periodo della pandemia, che si sviluppano sul filo di citazioni di giardinieri e artisti per parlare di argomenti come l'importanza del genius loci nella creazione dei giardini, del giardinaggio in vaso, di storie d'amore e d'avventura delle piante, delle nature morte nella pittura.

BIOGRAFIA *Lucia Guidorizzi*

Viandante e poetessa, esploratrice dell'invisibile, è nata a Padova e vive a Venezia. Laureata in Lettere, conduce seminari di scrittura.

Ha pubblicato i seguenti libri:

"Confini" Editoria Universitaria 2005
"Scandalose entropie" Editoria Universitaria 2006
"Ibrida Hybris" Editoria Universitaria 2007
"Quadrilunio. Una tetralogia dell'Anima" Edit. Universitaria 2009
"Milagros" Supernova 2011
"Nel paese dei castelli di sabbia" Supernova 2013
"Controcanto" Supernova 2015
"Pietra Esile" Supernova 2017
"Foreste e Forestieri" Supernova 2019
"Quanto dista Finisterre?" Supernova 2020
"Gemmealuce" Supernova 2022
"Bagliori sul sentiero" Aurea Nox 2023

Da molti anni fa parte di giurie in ambito poetico.
Scrive per il blog "Cartesensibili" a cura di Fernanda Ferraresso, per la rivista "Amicando Semper" a cura di Enzo Santese e con "Peripli-poesia, fotografia e memoria" a cura di Gianluca Asmundo. Ha curato per Supernova le antologie "Nelle stanze di Alice" 2021 e "Foglie Nuove. Antologia di poeti giovani".

Sommario

IL PROGETTO ETICO DI AUREA NOX

AUREA NOX è un progetto etico collettivo nato in rete nel Maggio 2021 da un'idea di Grazia Velvet Capone che ha ideato e realizzato anche tutte le elaborazioni grafiche. Il nostro comune Ispiratore è stato ed è Franco Battiato, musicista e maestro. Le energie creative del gruppo confluiscono nella collana-esperimento evolutivo chiamata **AVALON - Terra Sacra**: un luogo letterario dove gli autori si confrontano con un tema comune. È nata così l'idea di creare una pubblicazione ritmica, legata alla ruota dell'anno, adatta a tramandare forme-pensiero di profonda e assoluta ricerca evolutiva. Una virtuale unione di intenti.
Un Seme che diventi Quercia.

Di seguito ecco le altre collane editoriali

- **BEE BOOK SII UN LIBRO - Collana per bambini**
- **SEVEN DOORS - Sviluppo spirituale**
- **BREVIS - Saggi e Racconti brevi**
- **LYRA - Poesia**
- **HELOQUENCE - Diari, Romanzi, Manuali**
- **TRIBAL - Viaggi, Magia, Territori**
- **AUREA MAGISTRA - Percorsi storici**
- **DIAMANTI AUREI – Poesia d'elite**
- **CUORE INDIeGENO – Lingue minori, etnie**
- **BIOlive - Testimonianze dal vivo**

Un sentito ringraziamento al direttivo del Progetto e ai vari gruppi  di lavoro dedicati, che hanno profuso le loro preziose energie a beneficio della nostra comunità di Autori e di una magnifica Idea Viaggiante Per contatti, richieste e collaborazioni:
Mail: aureanox@libero.it
Gruppo Facebook Aurea Nox Casa Editrice

AUREA NOX